Max Förster

Beiträge zur Kenntnis des Characters und der Philosophie d'Alemberts

Inaugural-Dissertation zur Erlangung der philosophischen Facultät

Max Förster

Beiträge zur Kenntnis des Characters und der Philosophie d'Alemberts
Inaugural-Dissertation zur Erlangung der philosophischen Facultät

ISBN/EAN: 9783744691116

Hergestellt in Europa, USA, Kanada, Australien, Japan

Cover: Foto ©ninafisch / pixelio.de

Weitere Bücher finden Sie auf **www.hansebooks.com**

# Beiträge zur Kenntnis des Characters und der Philosophie d'Alemberts.

Inaugural-Dissertation

der

philosophischen Facultät

der

Grossherzoglich Herzoglich Sächsischen Gesammt-Universität Jena

vorgelegt von

Max Förster

aus Hamburg.

Hamburg 1892.

Die Zeit der Encyclopädisten, der sogenannten französischen Aufklärung, gehört zu den interessantesten Gebieten der Geschichte der Philosophie. In die schematische Entwickelung des empiristischen Zweiges der neueren Philosophie reihte man die Franzosen des achtzehnten Jahrhunderts als Repräsentanten des Materialismus ein, und Encyclopädist sein hiess: Materialist sein.

In dieser Verallgemeinerung ist der Vorwurf des Materialismus, den man jener Zeit machte, wenn es überhaupt ein Vorwurf ist, Materialist zu sein, durchaus unberechtigt. Es braucht nicht jeder, der gegen eine absolutistische Regierung, gegen eine heuchlerische und tyrannisierende Kirche kämpft, auch ein Gegner phänomenalistischer Principien in der Philosophie zu sein. Die Lehre Lockes, auf welche sich die französische Aufklärung hauptsächlich stützt, begünstigt die eben erwähnten Principien eben so sehr wie die materialistische Denkweise. Erst durch die neueren allgemeinen Werke, in denen die erwähnte Zeit behandelt wird, wie Lange's „Geschichte des Materialismus" und durch Specialbearbeitungen des Lebens und Denkens der hervorragendsten Männer derselben ist man davon zurückgekommen, die französische Philosophie des achtzehnten Jahrhunderts in Bausch und Bogen zu verurteilen.

Es ist schwierig, allen Strömungen gerecht zu werden, die sich in der in Rede stehenden Philosophie finden, da fast jeder einzelne Philosoph seine eigenen Bahnen einschlägt. Daher begehen die Bearbeiter des einen leicht den Fehler, die Eigenart des anderen, ihren Zwecken ferner stehenden zu verkennen. Einem Voltaire, Diderot und insbesondere Rousseau ist durch umfangreiche Untersuchungen Gerechtigkeit zu teil geworden. Dies lässt sich von d'Alembert, der jene in streng wissenschaftlicher Hinsicht überragt, in philosophischer Bedeutung ihnen ebenbürtig ist, nicht sagen. Zwar hat auch er Bearbeiter gefunden, aber diese haben weder seinen eigenartigen philosophischen Standpunkt hinreichend beachtet, noch auch die Beziehungen, in denen er zu den oben genannten Männern stand, mit genügender Aufmerksamkeit verfolgt, was um so wichtiger gewesen wäre, weil durch die biographische Art der Behandlung jener Männer den Zeitgenossen doch nicht die richtige Würdigung zu teil wurde. So kam es, dass d'Alembert als Stern zweiter Grösse betrachtet wurde, und dass auch die ausführlichste Bearbeitung, die er gefunden hat, einem Werke angehört, das bestimmt ist, die Lücken zwischen den tonangebenden Männern des achtzehnten Jahrhunderts auszufüllen.[1]

Der Zweck dieser Abhandlung ist es, die Philosophie d'Alemberts darzustellen und auf die Fruchtbarkeit ihres Grundgedankens zu prüfen. Daneben finden die Beziehungen zwischen d'Alembert und Rousseau eine eingehende Betrachtung, da dieselben in den bisherigen Bearbeitungen von d'Alemberts Leben vollkommen vernachlässigt sind, was um so ungerechtfertigter ist, als d'Alemberts Ehre in mehr als einem Punkte auf dem Spiele steht.

Litteratur.

Die meisten der Schriften d'Alemberts sind bei Lebzeiten des Verfassers einzeln erschienen. Manche sind wiederholt aufgelegt, manche ins Deutsche übertragen worden, unter anderen der „discours préliminaire" der Encyclopädie.[2]

---

[1] Damiron: Mémoires pour servir à l'histoire de la philosophie au dixhuitième siècle. Paris 1858.

[2] Bemerkenswert ist es, dass das erste gedruckte Werk von Johann Heinrich Voss, das im Jahre 1775 erschien, eine Uebersetzung von d'Alemberts „Essai sur la société des gens de lettres" war.

Die Gesammtausgaben, deren es zwei giebt, umfassen nur die philosophischen und litterarischen Werke und sind ausserdem durchaus nicht vollständig. Es wäre zu wünschen, dass eine Ausgabe sämtlicher Werke d'Alemberts, auch der mathematischen, veranstaltet würde. Die bessere der eben erwähnten Gesammtausgaben ist die von Bastien besorgte[1]); in ihr gehen Notizen des Herausgebers den einzelnen Schriften voraus. Die weniger gute, aber weiter verbreitete Ausgabe ist die von Bossange.[2]) Sie ist ein Abdruck der vorhergehenden, lässt aber leider der Kürze halber die Notizen und die an d'Alembert gerichteten Briefe fort. Ausserdem sind in diese Ausgabe Briefe von d'Alembert aufgenommen, die aus den 1792 erschienenen „Mémoires secrets" von Madame de Tencin stammen. Diese „Mémoires" aber sind vom Abbé Barthélemi verfasst, und die Briefe sämtlich erdichtet.[3])

Nach d'Alemberts Tode hat Pougens nachgelassene Werke veröffentlicht.[4]) In neuester Zeit hat sich Henry um die Herausgabe noch aufgefundener Schriften und Briefe verdient gemacht[5]), und wir finden bei ihm über einzelne bisher dunkle Punkte im Leben des Philosophen schätzenswerten Aufschluss, ebenso giebt er von d'Alembert unterdrückte Erklärungen zu seinen Elementen der Philosophie, die für uns von grosser Wichtigkeit sind. Auch von Condorcet und Decroix bei der Redaction ausgelassene Briefe aus der Correspondenz zwischen Voltaire und d'Alembert hat Henry veröffentlicht.

Von Schriften über d'Alembert giebt es aus dem achtzehnten Jahrhundert nur die „Éloges". Für den besten Éloge

---

[1]) 18 Vol. 5° Paris 1805.
[2]) 5 Vol. jeder in 2 Abteilungen. Paris 1821/22.
[3]) Ch. Henry, Oeuvres et correspondances inédites de d'Alembert, publiées avec introduction, notes et appendice. Paris 1887, pag. IX.
[4]) Oeuvres posthumes de d'Alembert, publiées par Pougens. 2 Vol. Paris 1799.
[5]) Vergl [3]), ausserdem: Henry, Correspondance inédite de d'Alembert avec Cramer, Lesage, Clairaut Turgot, Castillon, Béguelin etc. Paris 1887.

d'Alemberts hatte die Académie française einen Preis ausgeschrieben, wie Marmontel in seiner „Esquisse de l'éloge de d'Alembert" [1]) berichtet. Einen Gewinner des Preises nennt Marmontel nicht. Der bekannteste Éloge ist der von Condorcet aus dem Jahre 1784. [2]) Vicq d'Azyr, der Sekretär der „société royale de médecine" las einen recht guten und auch die philosophischen Werke näher berührenden Éloge. [3]) Eine Ergänzung zu diesem bildet Marmontels eben angeführte Skizze. Ausserdem erwähnt Henry noch einen Éloge von Dumas aus dem Jahre 1788; derselbe ist uns nicht zugänglich gewesen. Ebenso war dies nicht der Fall bei einer von Oettinger [4]) angeführten Lebensbeschreibung d'Alemberts, die in Schweden erschienen ist. [5]) Es ist dies der einzige, der uns von den in auswärtigen Academien und Gesellschaften ohne Zweifel gehaltenen Éloges bekannt geworden ist.

In unserem Jahrhundert haben sich mit d'Alembert beschäftigt: Lord Brougham [6]); ferner, wie erwähnt, hauptsächlich Damiron. [7]) So sehr wir die gute Absicht des letzteren anerkennen müssen, so ist er doch unserer Ansicht nach zu unhaltbaren Resultaten gekommen, wie wir an anderer Stelle nachzuweisen Gelegenheit finden werden. Im gleichen Jahre erschien ein Aufsatz von Baudrillart [8]), der weniger von Be-

---

[1]) Oeuvres complètes de Marmontel de l'académie française. Paris 1819. Bd. 10, pag. 26.

[2]) Condorcet, Éloge de d'Alembert. Ist den Gesammtausgaben von d'Alembert vorgedruckt.

[3]) Éloges des médecins célèbres, lus dans la société royale de médecine par Vicq d'Azyr. (Leider fehlt im Exemplar der Königl. Bibl. zu Berlin das Titelblatt. Bei der Druckbogennummer steht: 1783.)

[4]) Bibliographie universelle. Paris 1866. Artikel d'Alembert.

[5]) Niels Rosen vom Rosenstein, Lefnadsbeskrivning öfver J. L. d'Alembert. Stockholm 1787.

[6]) Henry Lord Brougham, Lives of Philosophers of the time of George III. Works, Bd. I. London und Glasgow 1855.

[7]) Vergl. [1]) auf Seite 3. Tome second, cinquième mémoire.

[8]) M. H. Baudrillart, Études de philosophie morale et d'économie politique. Paris 1858. Tome I.

deutung ist. Auch seine Meinung unterliegt einigen Bedenken. Die genaueste Biographie ist die von Bertrand [1] aus dem Jahre 1865. Einzelne Fehler derselben werden wir berichtigen. Henry [2] führt noch zwei Schriften über d'Alembert an: „Cousin d'Avalon, d'Alembertiana" und „J. Barni, Idées morales et politiques en France au dixhuitième siècle." Beide sind uns nicht zugänglich gewesen.

Die Litteratur über d'Alembert ist keine sehr reichhaltige, und was noch mehr sagen will, sie geht auf seine Eigenart gar nicht ein. Die meisten Schriftsteller über ihn bringen nur eine Biographie und eine mehr oder weniger ausführliche Schilderung seiner Werke.

I.
Das Leben d'Alemberts.

Obwohl es noch keine deutsche Lebensbeschreibung d'Alemberts giebt, liegt es nicht im Plane dieser Abhandlung, eine ausführliche Biographie zu geben. Doch ist es nötig, einzelne Punkte zu berühren, da die verschiedenen Berichte in ihnen von einander abweichen. Es sei daher gestattet, kurz auf die Hauptpunkte in d'Alemberts Leben einzugehen.

Schon das Datum des Geburtstages ist verschieden angegeben. Condorcet und die ihm folgenden Bearbeiter setzen es auf den 17. November 1717, obwohl d'Alembert selbst in seinem „Mémoire" (I 1),[3] einer kurzen, die Zeit bis zum Jahre 1770 umfassenden Autobiographie den 16. November

---

[1] J. Bertrand, D'Alembert, sa vie et ses travaux: In „Revue des deux mondes," 2me série, 1865. Bd. 59, pag. 984 ff.
[2] Vergl. Henry Oeuvres etc. pag. XIX.
[3] In dieser Form citieren wir die Ausgabe von Bossange.

angiebt. Henry ¹) hat diesen Differenzpunkt durch Einsicht des Taufscheins erledigt. Dieser ist vom 16. November datiert.

Jean Le Rond d'Alembert war, wie allgemein feststeht, der uneheliche Sohn der in litterarischen Zirkeln sehr geschätzten Madame de Tencin und des Artillerieoffiziers Chevalier Destouches mit dem Beinamen Canon. Er wurde von der Mutter ausgesetzt und zwar auf den Stufen der Kirche St. Jean-Le Rond, von der er zunächst seinen Namen erhielt; woher der später angenommene Name d'Alembert stammt, hat man nicht in Erfahrung bringen können. Ueber seinen ersten Lebenstagen lag ein Dunkel, das die Phantasie der Biographen weckte. Sie berichten, dass der gutmütige Polizeibeamte des Viertels den schwächlichen Knaben nicht ins Findelhaus sandte, sondern ihn einer Glaserwittwe Namens Rousseau zur Erziehung übergab. Auch in diesem Punkt hat Henry Licht gebracht. Er berichtet, ²) d'Alembert sei zuerst vom Findelhause aufgenommen, dann sechs Wochen in einem Dorfe der Piccardie genährt worden; nach dieser Zeit aber sei sein Vater, der zur Zeit seiner Geburt abwesend war, zurückgekehrt und habe ihn aus dem Hospital zur Madame Rousseau gebracht. Henry belegt dies mit Documenten aus den Archiven des Findelhauses. Unter diesen Umständen wird auch deutlich, warum der Vater zu d'Alemberts Erziehung eine jährliche Rente von 1200 Livres aussetzte.

Bei Madame Rousseau blieb d'Alembert zunächst bis zum vierten Jahre, von da ab bis zum zwölften war er in einer Pension. Aus dieser trat er über in das streng jansenistische Colleg Mazarin. Diese Schule giebt wenigstens d'Alembert selbst in seinem Mémoire an. Die übrigen Biographen nennen das Colleg des Quatre-Nations. Auf der höheren Schule zeigten sich zuerst seine mathematischen Fähigkeiten, die allen juristischen und medicinischen Lebens-

---

¹) Henry, Oeuvres etc. pag. VIII.
²) Henry, a. a. O.

plänen den Rang abliefen, weil in ihnen sein inneres Geistesleben die rechte Befriedigung fand. Die Früchte dieser Thätigkeit zeigten sich bald. 1739 und 40 erschienen d'Alemberts erste mathematischen Arbeiten, die ihm 1741 einen Platz in der Académie des sciences verschafften. Zwei Jahre nach dem Eintritt[1]), im Jahre 1743, erschien das erste der Epoche machenden Werke, der „Traité de mecanique." Bald wurde d'Alembert auch im Auslande bekannt. 1746 begannen durch seine Aufnahme in die Berliner Academie die Beziehungen zu Friedrich dem Grossen, die sich bis zu d'Alemberts Tode fortsetzten, mit der grössten Hochschätzung auf beiden Seiten, obwohl d'Alembert alle Einladungen Friedrichs, den Vorsitz in der Academie zu übernehmen, ausschlug. Ebenso lehnte er ein glänzendes Anerbieten der Kaiserin Catherina II. ab, weil seine Interessen zu tief mit Paris verbunden waren.

D'Alemberts philosophische Arbeiten beginnen mit dem „Discours préliminaire" der Encyclopädie im Jahre 1751. Es scheint als ob die Encyclopädie, an deren Redaction er von 1751 bis 58 teilgenommen hat, d'Alembert erst darauf hingeleitet hat, in anderen als mathematischen Gebieten öffentlich thätig zu sein. Der Discours hatte seine Aufnahme in die Académie française zur Folge, die 1754 stattfand. Im ganzen hat d'Alembert zwölf Academien und gelehrten Gesellschaften als Mitglied angehört. 1772 wurde er an Stelle von Duclos zum ständigen Secretair der Académie française ernannt, als welcher er die Éloges der Mitglieder der Academie verfasste, die in den Jahren seit 1700 verstorben waren.

D'Alembert genoss nicht nur in wissenschaftlicher Hinsicht eine angesehene Stellung unter den damaligen Koryphaeen, auch in den Salons der Madame Geoffrin und Madame du Deffant war er zu Hause. Dort lernte er Mlle. de L'Espinasse kennen, zu der er trotz seiner reiferen Jahre noch eine tiefe

---

[1]) Bertrand schreibt irrtümlicherweise: drei Jahre.

Zuneigung fasste, die jedoch nicht in seinem Sinne erwiedert wurde.

D'Alembert starb am 29. October 1783.[1]

II.
Der Character d'Alemberts.

Es ist für uns eine Pflicht, auf den Character d'Alemberts näher einzugehen, weil derselbe von Rousseau, seinen Anhängern und den Bearbeitern seines Lebens angegriffen worden ist. Von allen Bearbeitern d'Alemberts dagegen hat keiner diese Verdächtigungen erwähnt, geschweige denn sich mit der Zurückweisung derselben oder mit der Frage nach ihrer Berechtigung beschäftigt.

Als Ausgangspunkt, von dem aus wir die Urteile der Zeitgenossen und späterer Schriftsteller über d'Alembert betrachten können, wollen wir die Characterzüge ansehen, welche uns aus dem Leben und den Schriften desselben entgegentreten, und die uns von allen Berichterstattern über d'Alemberts Leben in gleicher Weise überliefert werden. Wir werden dann, soweit unsere sehr beschränkten Hülfsmittel dies erlauben, die Verdächtigungen untersuchen, und wo dies nicht angängig ist, darauf hinweisen, wie sie untersucht werden können. Grundsatz soll uns dabei sein, dass wir d'Alembert so lange für einen ehrenhaften Character halten, bis wir eine positiv ehrlose Handlung aufgedeckt haben.

Wir besitzen aus d'Alemberts eigener Hand eine Characterschilderung aus dem Jahre 1760.[2] Er schreibt darin über sich, dass die hauptsächlichen Züge seines Geistes Reinheit

---

[1] Bei Bertrand steht 1782, offenbar ein Druckfehler.
[2] „Portrait de l'auteur, fait par lui-même."

(netteté) und Genauigkeit (justesse) seien. Er sei erst sehr spät in die grosse Welt eingetreten und es habe ihm dort niemals besonders gefallen, er habe sich an die Complimente nicht gewöhnen können; wenn er verbindliche Worte gesagt habe, so sei es nur gewesen, wenn er sie aufrichtig gemeint habe: „so sei der Grundzug seines Characters Freimütigkeit (franchise) und Wahrheit, beide seien oft ein wenig grob (brut) aber niemals anstössig."

Ueber sein Temperament berichtet er, er sei zwar ungeduldig und heftig, selbst bis zu Gewaltthätigkeiten, doch im Grunde sanft, aber von fanatischer Freiheitsliebe. Der einzige Fehler, dessen er fähig wäre, sei, sich über anspruchsvolle und dabei dumme Menschen lustig zu machen.

In betreff seines Verhältnisses zu anderen Menschen meint er, er würde verzweifelt sein, wenn jemand durch ihn unglücklich würde, selbst einer seiner Feinde. Trotzdem vergesse er schlechtes Benehmen und Beleidigungen nicht. Erfahrung und das Beispiel anderer hätten ihn gelehrt, im allgemeinen den Menschen zu misstrauen, ohne dies auf jeden einzelnen Fall anwenden zu wollen; im Gegenteil sei er zu leicht für Eindrücke empfänglich, die man ihm einpflanzen wolle.

Ueber Reichtum und Ehrenstellen äussert er sich folgendermassen: „Da er [1]) alles sich selbst verdankt, kennt er die niedrige Gesinnung, die Lebensgewandheit (manège), die so notwendige Kunst, seine Aufwartung zu machen, um zu Reichtum zu gelangen, nicht. Seine Verachtung von Namen und Titeln ist so gross, dass er unkluger Weise sie in einer seiner Schriften [2]) öffentlich zur Schau getragen hat, was ihm bei den Litteraten, dieser Klasse hochmütiger und mächtiger Menschen, viele Feinde eingetragen hat, die ihn für den eitelsten aller Menschen ausgeben wollen; aber er

---

[1]) D'Alembert schreibt von sich in der dritten Person.
[2]) Im „Essai sur la société des gens de lettres." (Anm. des Verfassers dieser Abhandlung.)

ist nur stolz und unabhängig, andererseits mehr geneigt, sich eher niedriger als höher zu schätzen, als er wert ist."

„Sein Prinzip," endlich, „ist es, dass ein Mann der Wissenschaft, welcher die Absicht hat, seinen Namen an dauernde Denkmäler zu knüpfen, sehr aufmerksam sein muss auf das, was er schreibt, genügend aufmerksam auf das, was er thut, ein wenig auf das, was er sagt."

Das ganze Schriftstück, das an eine nicht genannte Dame gerichtet ist, macht einen durchaus aufrichtigen Eindruck, es ist mit stolzem Selbstbewusstsein geschrieben, abei d'Alembert streicht niemals besonders gute Eigenschaften heraus.

Den besten Beweis für die Richtigkeit dieser Characterschilderung bietet d'Alemberts Leben. Es war ein sehr einfaches und eingeschränktes. Er wohnte beinahe 40 Jahre in einem kleinen Raume, von dem er selbst an Voltaire schreibt: „Mon trou ou je vois le ciel long de trois aunes,"[1]) bei seiner Pflegemutter, des Morgens mit wissenschaftlichen Arbeiten beschäftigt, des Abends im Theater. Seine Vermögensverhältnisse waren sein ganzes Leben hindurch beschränkte, er bedurfte nur wenig zu seinem Unterhalt, und diesen lieferten ihm die Pensionen, die ihm ausgesetzt waren. Condorcet erwähnt mehrfach die ausserordentliche Wohlthätigkeit, die d'Alembert trotzdem ausübte: „Er liess die Vermehrung seines Einkommens nur durch die Vergrösserung seiner Wohlthaten merken." Diese Beschränktheit des Vermögens war aber eine durchaus freiwillige. D'Alembert hätte sich leicht in glänzende äussere Lebensumstände versetzen können, wenn er gewollt hätte. Aber er lehnte z. B. die Pension Catharina's II. von hunderttausend Francs ab, die ihm unter der grössten Anerkennung seiner Verdienste angeboten wurde. Unseres Erachtens gehört dazu eine grosse Characterfestigkeit.

Ein weiteres Zeichen von d'Alemberts freimütigem Character ist sein Verhältnis zu Mlle. de L'Espinasse. Während

---

[1]) V, 57, — Brief vom 8. Februar 1758.

schon der Umstand ein günstiges Licht auf ihn wirft, dass er während seines ganzen Lebens kein Verhältnis unwürdiger Art gehabt hat, so zeigen die Schriftstücke über seine Freundin [1]) ihn als einen ebenso warm empfindenden, wie aufrichtigen Menschen. In dem Portrait, welches er von ihr zeichnet, betont er nicht weniger ihre Schattenseiten und Fehler als ihre Lichtseiten; keine Spur von Schmeichelei findet sich darin. Einen tiefen Einblick in seine Seele lassen auch die Ausbrüche des Schmerzes thun, die er nach ihrem Tode niedergeschrieben hat, als er entdeckte, dass er nicht einzig und nicht in dem Sinne geliebt sei, wie er gehofft hatte. Ein starker Beweis ferner für seine Liebe zur Gerechtigkeit sind die Zeilen, in denen er den Geliebten der Mlle. de L'Espinasse, den Menschen schilderte, den er von allen am meisten verwünschen musste [2]) Er nennt ihn einen der vollkommensten Geister, die man kennt.

In dieser ganzen Angelegenheit hat d'Alembert sich als edler Mensch gezeigt, er hatte gerechte Gründe, gegen Mlle. de L'Espinasse aufgebracht zu sein, und ein verdorbener Character hätte sicher sich bei dieser Gelegenheit verraten.

Wer kann ferner d'Alemberts „Essai sur la société des gens de lettres" lesen, ohne von dem Gefühle durchdrungen zu werden, dass der Verfasser ernstlich bemüht sei, die Liebedienerei und Henchelei der Litteraten abzustellen. Er schildert nicht allein das Verhältnis der Schriftsteller zu den Grossen, den „Maecenen", sondern er sucht die Ursache dieser Corruption und die Mittel zu ihrer Beseitigung. Er wusste sich frei von allem Vorwurf, den er anderen Schriftstellern machte: er schrieb auch nicht, um sich einen Namen zu machen, er wusste, dass er in ein Wespennest stechen, dass er sich viele und erbitterte Feinde machen würde. Mit dem

---

[1]) III, 721 ff, — Portrait de Mlle. de L'Espinasse, adressé à elle-même en 1771. — Aux Mânes de Mlle. de L'E., 22 juillet 1776. — Sur la tombe de Mlle. de L'E., 2. septembre 1776.

[2]) III, 739, — „Portrait du Marquis de Carracioli."

Motto aus Tacitus: „sine ira et studio" sandte er seine Fehdeschrift hinaus, einen neuen Beweis für die Aufrichtigkeit und Reinheit seines Characters.

Es ist sehr zu bedauern, dass d'Alembert nicht den Mut besass, wie hier den Schriftstellern gegenüber, so auch in seinen philosophischen Schriften der Kirche gegenüber frei und offen mit seiner Meinung hervorzutreten. Es ist nicht zu leugnen, dass seine Elemente der Philosophie, besonders im metaphysischen Teile darunter gelitten haben. Er hat mehrere wichtige Erklärungen bei der Herausgabe unterdrückt, weil es zu gewagt erschien, ihren Inhalt schon jetzt zu veröffentlichen. Es sind dies: „Éclaircissement sur la liberté" und „É. au sujet de l'existence de Dieu." Er spricht sich darüber einmal Friedrich dem Grossen gegenüber aus [1]): „Il est pourtant certains articles que j'ai cru devoir supprimer, parce que je suis élevé, non comme M. Chicaneau [Racine], dans la crainte de Dieu et des sergents, mais dans la crainte de Dieu et des prêtres, et des parlemens qui ne valent pas mieux."

Seine wahre Meinung, wie man der Kirche gegenüber Erfolge erringen kann, hat d'Alembert in einem gleichfalls nach seinem Tode herausgegebenen Schriftstück niedergelegt. Es ist betitelt: „Sur la véritable religion." [2]) Der Schluss desselben lautet: „Je dis seulement que si la véritable religion avait quelque chose à craindre des discours et des écrits des prétendus philosophes, ceux qui l'attaqueroient dans sa morale seroient plus coupables que ceux qui l'attaqueroient dans ses dogmes spéculatifs, ceux qui l'attaqueroient devant le peuple .... plus coupables que ceux qui l'attaqueroient dans des écrits philosophiques ...., enfin ceux qui l'attaqueroient ou-

---

[1]) V, 26, — Brief vom 12. Dec. 1766.
[2]) Abgedruckt bei Henry, Oeuvres etc.

vertement plus coupables que ceux qui, ne lui portant que de coups secrets et modérés, ne pourraient guères être entendus que de ceux qui penseroient déjà comme eux. Cette sorte de demi-attaques, cette espèce de guerre sourde seroit peut-être le parti le plus raisonnable pour des sages qui habiteroient les vastes contrées où l'erreur domine.... Les coups qu'ils porteroient auroient un effet moins rapide, mais presque aussi sûr à la longue; effet d'ailleurs non seulement moins dangereux pour leur tranquillité particulière, mais plus propre peut-être à la propagation même de la vérité. Vouloir trop brusquement éclairer des hommes renfermés dans les ténèbres, c'est non-seulement risquer de les aveugler, c'est risquer de leur rendre la lumière odieuse, en leur faisant croire qu'elle est un mal." — Aus diesen Sätzen erklärt sich, warum d'Alembert in seinen Elementen immer und immer wieder auf die Religion zu sprechen kommt und in welcher versteckten Absicht. Es geht klar hieraus hervor, dass die scheinbar ernsten Concessionen, die er der Kirche macht, als Ironie aufzufassen sind. Diese Art, die Religion zu behandeln, teilt d'Alembert mit vielen Schriftstellern seiner Zeit. Wenn man ihm hieraus den Vorwurf der Unaufrichtigkeit und Falschheit und besonders auch der Feigheit machen will, so beruft er sich mit Recht darauf, dass die, welche ebenso dächten wie er, ihn schon verstehen würden, dass es aber klug sei, anderen nicht mit der Thür ins Haus zu fallen. Dass d'Alembert sich nicht mit dem Winde dreht und Concessionen macht, wo es sein eigener Vorteil erheischt, davon können wir uns wieder überzeugen aus dem Briefwechsel mit Friedrich dem Grossen, wo d'Alembert, der mit jenem über metaphysische Fragen disputierte, seinem Gegner seine wissenschaftliche Ueberzeugung nicht zu opfern vermochte, so dass Friedrich endlich mit den Worten: „Je suis persuadé qu'un philosophe fanatique est le plus grand des monstres possibles et en même temps l'animal le plus inconséquent que la terre ait produit,"[1]) ärgerlich die ganze Disputation abbrach. So stellt sich uns der Character d'Alemberts aus seinen Schritten und seinem Leben dar. Der ihm am meisten gemachte Vorwurf der Feigheit zeigt sich uns als kluge Besonnenheit und Zurückhaltung.

In dieser Weise vorbereitet wollen wir an das Verhältnis zwischen d'Alembert und Rousseau herantreten. Sehen wir zunächst, wie sich d'Alembert über jenen aussprach. Seine Kritiken über Rousseau's Schriften, über die „Neue Héloise" und den „Emil" (IV, 463 ff.) enthalten keine persönlichen Beziehungen. Wie d'Alembert über Rousseau eigentlich urteilte, ersehen wir am besten aus den Briefen an Voltaire, in denen Rousseau und seine Angelegenheiten überaus häufig zur Sprache kommen. Vom Jahre 1757 bis 1774 finden wir die Hauptpunkte erwähnt. Es ist nicht zu leugnen, dass d'Alembert, wie alle Männer seines Kreises, nicht günstig über Rousseau dachte. Dieses Urteil beruht im wesentlichen darauf, dass weder Rousseau die Natur der anderen Männer, noch diese die Rousseau's richtig verstanden. Vergleicht man aber die Ansicht d'Alemberts über Rousseau mit dem Urteile Voltaires, so ist jener entschieden für Rousseau und unter keiner Bedingung als sein Feind zu bezeichnen. Voltaire nennt Rousseau undankbar, albern, hochmütig, neidisch, inconsequent, widerspruchsvoll, ehrlos (malhonnête), langweilig, boshaft, falsch u. s. w.; bezeichnet ihn als Erznarren. Gassenjungen (polisson). Schurken (coquin), Ungeheuer (monstre); er meint, er liesse sich durch Gründe überhaupt nicht überzeugen,[2]) beklagt sich über impertinente Briefe

---

[1]) Friedrich an d'Alembert. Friedrich XXIV, pag. 590. Brief vom 13. März 1771. [Citiert nach: „Oeuvres, Berlin 1854, Imprimerie royale."]

[2]) Brief vom 15. Octbr. 1759. Voltaire 69, pag. 99 [citiert aus: Oeuvres complètes. Gotha 1789.]. „Vous avez daigné accabler ce fou de Jean-

von ihm und dergleichen mehr. Dem gegenüber bezeichnet d'Alembert ihn wohl auch als Narren, er spottet über ihn;[1] er nennt ihn auch inconsequent und lächerlich, aber er nimmt ihn gegen Angriffe in Schutz,[2] und betrachtet ihn in gewisser Weise noch als zu seinem Kreise gehörig[3]); er meint, wenn

Jacques par des raisons; et moi je fais comme celui qui, pour toute réponse à des arguments contre le mouvement, se mit à marcher."

[1] V, 75; — Brief vom 18. X. 1760. „Si vous pouviez encore engager Jean-Jacques Rousseau à venir à quatre pattes, de Montmorenci à Genève, faire amende honorable à la comédie, en se redressant sur ses deux pieds de derrière pour jouer dans quelqu'une de vos pièces, ce serait vraiment là une belle cure, ... mais je crois que pour Jean-Jacques, l'heure de la grâce n'est pas encore venue." Der Scherz bezieht sich auf Palissot's Comödie „Les Philosophes" und Rousseau's Kampf gegen das Theater.

[2] V, 69; — Brief vom 8. II. 1762. „Les amis de Rousseau .... répandent ici que vous le persécutez, que vous l'avez fait chasser de Berne, et que vous travaillez à le faire chasser de Neufchâtel. Je suis persuadé qu'il n'en est rien, et que, malgré les torts que Rousseau peut avoir avec vous, vous ne voudriez pas l'écraser à terre .... Souvenez-vous d'ailleurs que si Rousseau est persécuté, c'est pour avoir jeté des pierres, et d'assez bonnes pierres, à cet infâme fanatisme, que vous voudriez voir écrasé..." — V, 184; — Brief vom 3. I. 1765. „Je sais que Jean-Jacques a des torts avec vous, et qu'il vous a écrit des folies au sujet des comédies que vous faisiez jouer auprès de Genève; mais je ne puis croire que vous cherchiez à le tourmenter dans la solitude, où il est déjà assez malheureux par sa santé, par sa pauvreté, et surtout par son caractère. Il vient de faire des „Lettres de la Montagne", qui mettent, dit-on, tout Genève en combustion, ... On dit qu'il y chante la palinodie à mon égard sur le socinianisme qu'il me reprochait d'avoir imputé aux Génevois. Ce n'est pas la première fois qu'il se contredit; mais il souffre, il est malheureux, il faut bien lui passer de quelque chose. — V, 135 f.; — Brief vom 17. I. 1765. „.... Au nom de Dieu, si vous lui [Rousseau] répondez, ce qui n'est peut-être pas nécessaire (du moins c'est le parti que je prendrais à votre place), répondez-lui avec le sang-froid et la dignité qui vous conviennent. Il me semble que vous avez beau jeu, ne fût ce qu'en opposant aux horreurs qu'il dit aujourd'hui de sa patrie tous les éloges qu'il en a faits, il y a quatre ou cinq ans, dans la dédicace d'un de ses ouvrages, sans compter son petit procédé avec moi, à qui il a donné tort et raison, selon que ses intérêts l'exigeaient."

[3] V, 77 f.; — Brief vom 9. IV. 1761. „Je veux qu'il vous ait écrit une lettre impertinente, je veux que vous et vos amis vous ayez à vous

er auch gegen d'Alembert und den Freundeskreis kämpft, so muss man ihn lassen, weil er unschädlich ist[1]); er bedauert sein Schicksal, sich mit allen überworfen zu haben.[2]) Wenn d'Alembert aber allmählich kühler gegen Rousseau wird, so führt er dafür gewichtige Gründe an [3]), keineswegs aber lässt er ihn ganz fallen. Kann man, wenn man diese Belege, die sich noch vermehren lassen, für seine freundliche Gesinnung gegen Rousseau hat, dann nicht mit d'Alembert sich wundern, dass er von Rousseau für seinen Feind gehalten wird? [4])

---

en plaindre; malgré tout cela, je n'approuve pas que vous vous déclariez publiquement contre lui comme vous faites; et je n'aurai sur cela qu'à vous répéter vos propres paroles: „Que deviendra le petit troupeau, s'il est désuni et dispersé?" Nous ne voyons point que ni Platon, ni Aristote, ni Sophocle, ni Euripide aient écrit contre Diogène, quoique Diogène leur ait dit à tous des injures. Jean-Jacques est un malade de beaucoup d'esprit, et qui n'a d'esprit que quand il a la fièvre. Il ne faut ni le guérir ni l'outrager."

[1]) V, 85; — Brief vom 31. X. 1761. „A l'égard de Rousseau, j'avoue que c'est un déserteur qui combat contre sa patrie; mais c'est un déserteur qui n'est plus guère en état de servir, ni par conséquent de faire du mal..."

[2]) V, 93; — Brief vom 31. VII. 1762. „Voyez un peu ce pauvre diable de Jean-Jaques; le voilà bien avancé de s'être brouillé avec les dieux, les prêtres, les rois et les auteurs."

[3]) V, 98; — Brief vom 25. IV. 1762. „Je ne suis pas plus édifié que vous de la „Profession de foi" de Jean-Jaques, d'autant que je ne crois pas cette momerie fort nécessaire pour dîner et souper tranquillement, et dormir de même, dans les États de votre ancien disciple [Friedrich d. Gr.], où Jean-Jaques c'est réfugié après avoir dit assez de mal du maitre. Je plains le malheur, que sa bile et ses persécuteurs lui causent; mais s'il a besoin pour être heureux d'approcher de la sainte Table, et d'appeler sainte, comme il le fait, une religion qu'il a vilipendée, j'avoue que je rabats beaucoup de l'intérêt." — V, 146; — Brief vom 7. X. 1765. „Quoi! il a promis d'écrire contre Helvétius pour être admis à la communion huguenotte! En vérité, cela est incroyable."

[4]) V, 155 f.; — Brief vom 29. VIII. 1766: „Imaginez-vous que Jean-Jacques [so in Voltaire's Werken, in d'Alemberts Werken steht „ce maraud"] m'accuse aussi d'être de ses ennemis? moi qui n'ai d'autre reproche à me faire que d'avoir trop bien parlé et trop bien pensé de lui. Je l'ai toujours cru un peu charlatan, mais je ne le croyais pas un méchant

Selbst Rousseau war seiner Sache nicht ganz sicher. Im Jahre 1764 schreibt er an Watelet folgendermassen: „M. d'Alembert m'a fait saluer plusieurs fois: j'ai été sensible à cette bonté de sa part. J'ai des torts avec lui, je me les reproche, je crains de lui avoir fait injustice, et je n'ai sûrement pas le coeur injuste; mais j'avoue que des malheurs sans exemple et sans nombre, et des noircoeurs d'où j'en craignais le moins, m'ont rendu défiant et crédule sur le mal. En revanche, je ne crains ni d'avouer mes erreurs, ni de réparer mes fautes." [1])

Man könnte einwenden, dass diese ganze Beweisführung unnütz sei, indem bis zum Ende der sechziger Jahre das Verhältnis zwischen d'Alembert und Rousseau ein günstiges gewesen sei, dass es erst später in sein Gegenteil umgeschlagen sei. Es wäre aber nicht zu verstehen, warum d'Alembert sein Urteil über Rousseau, das er sich in der besprochenen Zeit gebildet hatte, und von dem wir wissen, dass er es bis zum Jahre 1770 [2]) aufrecht erhielt, geändert haben sollte. Er hielt ihn für einen Unglücklichen, dem nicht zu helfen sei, und den man daher in Frieden lassen müsse. Wir werden bei der Besprechung der einzelnen Vorkommnisse sehen, dass d'Alemberts Gesinnung gegen Rousseau so blieb, wie sie sich im Lauf der Zeit gebildet hatte. Leider wird Rousseau im Verlauf des Briefwechsels zwischen Voltaire und d'Alembert nach dem Jahre 1774 nicht mehr erwähnt.

Nachdem wir d'Alemberts Gesinnung über Rousseau kennen gelernt haben, können wir dazu übergehen, die Fälle zu besprechen, in denen sie mit einander in Berührung kamen.

---

homme. Je suis bien tenté de lui faire un defi public d'administrer les preuves qu'il a contre moi; ce défi l'embarasserait beaucoup, mais en vaut-il la peine?

[1]) C. A. Ste-Beuve. Causeries du Lundi. XV. 1862: Voltaire et J. J. Rousseau, lettres inédites (suite et fin).

[2]) V, 200; — Brief vom 2. VII. 1770.

Wir besitzen einige Briefe von d'Alembert an Rousseau; sie erstrecken sich bis zum Jahre 1762. Ihr Inhalt ist ein höflicher und für unsere Zwecke unwesentlich.[1] Auch dass d'Alembert sich auf das eifrigste für Rousseau verwendet hat, als dieser in einem Festspiele in Luneville: „Le cercle" nach anderen „Les philosophes" von Palissot neben anderen bekannten Männern der Zeit persifliert wurde, erwähnen wir nur beiläufig.[2] Rousseau hat diese Bemühungen selbst anerkannt.[3] Wirklich ernsthaft sind folgende Fälle zwischen d'Alembert und Rousseau gewesen:

I.

Im Jahre 1758 fand zwischen beiden eine litterarische Fehde statt. D'Alembert hatte für den siebenten Band der Encyclopädie den Artikel „Genève" verfasst, und zwar im August 1756 auf einem Besuche bei Voltaire, wesshalb diesem auch die Mitarbeitschaft zugeschrieben wurde.[1] In diesem Artikel hatte er die Einrichtung eines Theaters für die Stadt Genf empfohlen.[5] Rousseau, der diesen Rat für den gefährlichsten hielt, den man den Genfern geben könne,[6] schrieb an d'Alembert eine Entgegnung. Es würde uns zu weit führen, auf den Inhalt derselben einzugehen.[7] Jedenfalls muss aber gesagt werden, dass Rousseau sowohl d'Alembert Rechenschaft ablegte, wesshalb er gegen ihn schriebe,[8] und

---

[1] Sie sind abgedruckt in: M. G. Streckeisen-Moultou. J. J. Rousseau, ses amis et ses ennemis. Paris 1865.
[2] Vergl. Musset-Pathay, Histoire de la vie et des ouvrages de J. J. Rousseau I, pag. 331.
[3] IV, 458; — Discussion rélative à J. J. Rousseau.
[4] Vergl. Brockerhoff, J. J. Rousseau. Sein Leben und seine Werke. II., pag. 488.
[5] IV., 417: „On ne souffre point à Genève .. etc."
[6] Rousseau [citiert nach: Oeuvres complètes. Basel 1793.] XI., pag. 145. (Préface de la lettre à M'. d'Alembert.)
[7] Das nötige findet man bei Brockerhoff II, pag. 224 bis 269.
[8] Vergl. Musset-Pathay. I., pag. 345.

dass er in der Schrift selbst alles vermieden hat, was d'Alembert verletzen könnte,[1]) wenn wir von einer Stelle absehen.[2]) Man hat d'Alembert den Vorwurf gemacht, dass er in seiner Antwort auf diesen Brief gegen Rousseaus Persönlichkeit vorgegangen sei, weil der Inhalt des Briefes von Rousseau so vortrefflich gewesen sei, dass er ihn sachlich nicht hätte angreifen können. Musset-Pathay schreibt[3]): „D'Alembert, obligé de reconnaitre la superiorité de son adversaire, put à peine dissimuler le dépit que lui causait le succès de la lettre." Brockerhoff[4]) geht noch weiter: „Zwar spricht er [d'Alembert] im Eingange seiner Schrift den Vorsatz aus, eine objective Haltung zu bewahren und in dem Gegner den Menschen und Schriftsteller zu ehren. Aber die löbliche Absicht wird nur zu bald vergessen; die sachliche Erörterung nimmt überall, wo es eben angeht, eine persönliche Wendung, und wenn es an Gründen und Beweisen fehlt, müssen indirekte Vorwürfe und versteckte Angriffe aushelfen. Es liegt etwas Gehässiges in dem leichten, spöttischen Tone, welcher in der ganzen Arbeit wiederklingt, und auf den Character des Verfassers ein keineswegs günstiges Licht wirft. Er hat, scheint es, den Aerger über den unerwarteten Widerspruch, wie über seine Unfähigkeit, dem Gegner die Spitze zu bieten, nicht zu überwinden vermocht."

---

[1]) Brockerhoff II., pag. 267.
[2]) Rousseau XI., pag. 159. Lettre à d'Alembert: Bei dem Satze: „.... vous serez sûrement le premier philosophe qui jamais ait excité un peuple libre...." giebt Rousseau die Anmerkung: „De deux célèbres historiens, tous deux philosophes, tous deux chers à M. d'Alembert le moderne seroit de son avis, peut-être; mais Tacite qu'il aime, qu'il médite, qu'il daigne traduire, le grave Tacite qu'il cite si volontiers et qu'a l'obscurité près il imite si bien quelque fois, en eût il été de même?" Das hätte Rousseau nicht schreiben dürfen.
[3]) Musset-Pathay II., pag. 433.
[4]) Brockerhoff II., pag. 267.

Was zunächst den allgemeinen Eindruck angeht, den der Brief d'Alemberts an Rousseau hervorruft, so haben wir den spöttischen Ton, in dem er abgefasst sein soll, nicht gefunden. D'Alembert hat an den von Rousseau vorgebrachten Thatsachen vielerlei auszusetzen, ob mit Recht, steht hier nicht in Frage. Aber die Angriffe beziehen sich stets auf die Sache. Nur an zwei Stellen benutzt d'Alembert eine Blösse Rousseau's. Wir setzen beide hierher, um zu zeigen, dass er ihn offen blossstellt und nicht „indirekte Vorwürfe und versteckte Angriffe" macht. Die erste lautet (IV., 441):
„Mais vous chercheriez en vain à détruire cette passion [l'amour] dans les hommes: il ne parait pas d'ailleurs que votre dessin soit de la leur interdire, du moins si on en juge par les descriptions intéressantes que vous en faites, et aux quelles toute l'austérité de votre philosophie n'a pu se refuser." Und die zweite: (II, 453) „... vous décriez nos pièces de théâtre avec l'avantage non-seulement d'en avoir vu, mais d'en avoir fait. Néan-moins cet avantage même forme contre vous une objection incommode que vous paraissez avoir sentie en n'osant vous la faire, et à la quelle vous avez indirectement tâché de répondre." Wenn d'Alembert an andern Stellen sich an die Person Rousseaus wendet, so geschieht es, um ihn zu loben oder ihm eine Höflichkeit zu sagen. Es ist natürlich leicht für einen Gegner zu sagen, diese Höflichkeiten seien ironisch gemeint, wenn wir aber hinzunehmen, wie d'Alembert im Allgemeinen über Rousseau dachte, werden wir uns dieser Ansicht nicht anschliessen können. Wir geben zu, dass er sich durch die Ueberlegenheit Rousseau's, die ja zweifellos ist, gekränkt gefühlt hat, aber sein Character liess es nicht zu, sich in der Weise zu rächen, wie Brockerhoff angiebt.

II.

Wir haben jetzt einen weiteren Differenzpunkt zu erwägen: d'Alemberts Beteiligung an dem Streit zwischen Rousseau und Hume. Was diesen selbst angeht, so verweisen wir auf Brockerhoffs Darstellung.[1] Es handelt sich um zwei Punkte. Der erste ist: Rousseau beschuldigt d'Alembert, einen falschen Brief des Königs von Preussen an ihn, der voll verletzenden Spottes gegen ihn war, verfasst zu haben. Er schreibt in einem Briefe an Hume[2]): „Mais que devins-je, lorsque je vis dans les papiers publiés la prétendue lettre du Roi de Prusse que je n'avois pas encore vue; cette fausse lettre, imprimée en françois et en anglois, donnée pour vraie, même avec la signature du roi; et que j'y reconnus la plume de M. d'Alembert aussi sûrement que si je la lui avois vu écrire? . . . . . M. d'Alembert, autre ami très-intime de M. Hume, étoit de puis longtemps mon ennemi caché, et n'épioit que les occasions de me nuire sans se commettre; . . . ." Und weiter unten[3]): „En disant que la lettre étoit fabriquée à Paris, ii m'importoit fort peu le quel on entendit de M. d'Alembert on de son prétenom M. Walpole." Wir erkennen aus den angeführten Stellen, mit welcher Leichtigkeit Rousseau Verdacht schöpfte und wie zähe er daran festhielt. Es ist ausgemacht, dass der Brief des Königs von Preussen von Walpole ist, einem in Paris lebenden Engländer.[4]) D'Alembert selbst erliess eine Erklärung, in der er sich gegen den Brief verwahrte.[5]) Er setzt hinzu: „J'ajoute que je n'ai jamais été l'ennemi de M. Rousseau, ni déclaré ni même

---
[1]) A. a. O. — III, pag 406 ff.
[2]) Rousseau an Hume. 10. Juli 1766. Abgedruckt im „Exposé succinct." Rousseau XXXI., pag. 55
[3]) A. a. O. — pag. 59.
[4]) Brockerhoff III., pag. 420
[5]) Rousseau XXXI., pag. 83.

secret, comme il le prétend, et je défie qu'on apporte la moindre preuve que j'aie jamais cherché à lui nuire en quoi que ce puisse être." Man vergleiche wieder mit dem allgemeinen Verhalten d'Alemberts, und man sieht ohne weiteres, auf wessen Seite der Fehler liegt. Die hier citierte Erklärung führt die Ueberschrift: „Declaration adressée par M. d'Alembert aux Editeurs [sc. de l'exposé succinct]." Man hat d'Alembert vorgehalten, weshalb er, einer der Herausgeber des „Exposé succinct," gleichsam an sich selbst mit diese Erklärung veröffentlicht habe, indem er sie richtete „aux éditeurs."[1]) Darin hat man sehen wollen, dass d'Alembert allen öffentlichen Erklärungen zum Trotze doch heimlich ein Feind Rousseaus sei, indem er an Schriften seiner Feinde mitarbeitete. Es steht fest, dass d'Alembert sich an der Uebersetzung des Humeschen Schriftstückes beteiligt hat. Aber muss denn jeder, der an einer Uebersetzung mitarbeitet, sich Herausgeber nennen? D'Alembert hat sich nicht genannt, um nicht mit den Feinden Rousseaus in einem Athem genannt zu werden, was bei der Sinnesart Rousseaus sehr leicht geschehen konnte. Wenn wir sehen, von welcher Art die Mitarbeitschaft gewesen ist, so erkennen wir sofort, dass die Thätigkeit d'Alemberts keine feindliche war, sondern gerade das Gegenteil. Hume schreibt an Souard, den öffentlich genannten Herausgeber der französischen Ausgabe des Exposé[2]): „**Vous et M. d'Alembert avez agi sagement en adoucissant quelques expressions.**" Ist eine solche Milderung des Ausdrucks das Werk eines Feindes?

Wir übergehen die Consequenzen, die Morin hieraus über d'Alemberts Character gezogen hat, dürfen aber nicht verschweigen, dass d'Alembert in seinen Briefen an Voltaire in betreff der Angelegenheit Rousseaus mit Hume über den

---

[1]) Musset-Pathay. A. a. O, I., pag. 151. — Morin, Essai sur la vie et le caractère de J. J. Rousseau. Paris 1851: pag. 197.
[2]) Brief vom 19. November 1766. Morin a. a. O., pag. 197.

ersteren ein hartes Urteil fällt, indem er ihn einen boshaften und gefährlichen alten Narren nennt, der undankbar gegen seine Wohlthäter sei und was schlimmer sei, sie hasse, und nur einen Vorwand suche, um mit ihnen zu brechen, um sich von der Erkenntlichkeit zu befreien.[1]) Wir müssen dabei aber bedenken, dass d'Alembert Rousseaus Beweggründe, gegen Hume vorzugehen, nicht verstand und von jenem in die Angelegenheit verwickelt wurde, ohne daran irgendwie in feindlicher Weise beteiligt zu sein.

III.

Dies bringt uns auf einen anderen Fall, in dem d'Alembert wegen eines ungünstigen Urteils über Rousseau auf das heftigste angegriffen worden ist. Rousseau hatte sich während seines Aufenthaltes in Motiers-Travers die Freundschaft des Gouverneurs von Neufchâtel, George Keith, gewöhnlich „Milord Maréchal" genannt, erworben. Auch nach ihrer persönlichen Trennung wurde der Verkehr brieflich fortgesetzt. Beide starben im Jahre 1778, und bald nach ihrem Tode erschien von d'Alemberts Hand ein „Éloge de Milord Maréchal." In demselben findet sich folgende Stelle (III., 702): „Pendant son séjour à Neufchâtel, il [Milord Maréchal] avait connu et goûté le célèbre J. J. Rousseau, qui obligé de sortir de France, était venu chercher dans ce pays libre un repos qu'il n'y trouva pas. Forcé bientôt à se séparer de Milord Maréchal, il en éprouva les bontés, même après cette séparation. Le philosophe genevois lui écrivit un jour, qu'il était content de son sort; mais qu'il gémissait sur les malheurs dont sa femme était menacée, en cas qu'elle vînt à le perdre; qu'il voudrait seulement lui prouver, par son travail, six cents livres de rente. Milord Maréchal se fit un plaisir de donner

---

[1]) V., 154. — Brief vom 11. August 1766.

à cette lettre le sens que lui suggéraient l'élévation et la bonté de son âme: il assura au mari et à la femme la rente qui manquait à leur bonheur.

La vérité nous oblige de dire, et ce n'est pas sans un regret bien sincère, que le bienfaiteur eut depuis fort à se plaindre de celui qu'il avait si noblement et si promptement obligé. Mais la mort du coupable, et les justes raisons que nous avons eu de nous en plaindre nous-mêmes, nous obligent de tirer le rideau sur ce détail affligeant, dont les preuves sont malheureusement consignées dans des lettres authentiques. Ces preuves n'ont été connues que depuis la mort de Milord Maréchal; car il gardait toujours le silence sur les torts qu'on avait avec lui: et son coeur indulgent ne lui permit jamais la médisance, ni même la plainte."

Soweit geht der Text des Éloge über diese Angelegenheit. In einer Anmerkung bringt d'Alembert dazu noch folgende nähere Angaben: „Milord Maréchal avait pris beaucoup de part à la querelle trop affligeante et trop connue, faite à M. Hume par Rousseau. Le respect que nous devons à la vérité et à la mémoire de M. Hume, nous oblige de dire que l'équitable Milord donnait à Rousseau le tort qu'il avait si évidemment, aux yeux même de ses partisans les plus zélés. Milord Maréchal conserva soigneusement toute la correspondance qu'il avait eue à ce sujet avec ces deux illustres écrivains, et que peut-être il faudrait supprimer, pour l'honneur du philosophe genevois, si celui du philosophe écossais n'y était pas intéressé. Une personne très-estimable, que Milord honorait avec justesse de son amitié et de sa confiance, nous a écrit ces propres paroles: Milord m'avait donné sa correspondance avec Rousseau, en me recommandant de ne l'ouvrir qu'après sa mort…. Je dois rendre cette justice à sa mémoire, que malgré les justes sujets de plainte qu'il avait contre Jean-Jaques, jamais je ne lui ai entendu dire un mot qui fût à son desavantage; il me montra seulement la dernière lettre qu'il en reçut et me conta historiquement l'affaire de la pension. Cette lettre, ajoute la même personne, était remplie d'injures. ,Il faut,' dit le bon Milord en la recevant, ,pardonner ces écarts à un homme que le malheur rend injuste, et qu'on doit regarder et traiter comme un malade'. Aussi pardonnait-il si bien à Rousseau, que par son testament il lui a légué la montre qu'il portait toujours; elle a été envoyée à sa veuve."

Diese Worte, die das Gepräge eines schlichten, wahrheitsgetreuen Berichts tragen, riefen eine Reihe von Schmähschriften von Seiten der Anhänger Rousseaus hervor,[1]) in denen d'Alemberts Character von anonymen Personen derartig besudelt wurde, dass wir hier den Ursprung aller der falschen Urteile über denselben zu finden glauben. Von diesen Schriften ist dann auch die Ansicht der Biographen Rousseaus über d'Alembert ausgegangen, zumal die verschiedenen Herausgeber der Werke Rousseaus es nicht versäumt haben, alle Schriften für diesen in den verschiedenen Streitigkeiten abzudrucken, die Verteidigung der Gegner aber nicht. So kommt es, dass wir in der unglücklichen Lage sind, in diesem, wie in dem nächst zu besprechenden Falle die Artikel, die d'Alembert verfasste und unter seinem

---

[1]) Von welcher Art diese Schriften waren, möge man aus folgender Ueberschrift einer derselben schliessen: „Réponse anonyme à l'auteur anonyme de la Réponse à la Réponse faite aussi par un anonyme à la lettre que M. d'Alembert a adressée…" etc. Vergl. Rousseau XXXIII., pag. 175.

Namen im „Mercure de France" erscheinen liess, nicht zu besitzen. Wir müssen uns an die Gegenschriften halten, welche ziemlich viele Citate aus d'Alemberts Entgegnungen bringen.¹) D'Alembert verteidigt sich in der einfachsten Weise, indem er den ganzen Brief, den er in dieser Angelegenheit aus Berlin erhielt und der das Quellenmaterial für die von uns vorgelegten Stellen bildet, veröffentlicht. Derselbe ist von einem Freunde Milord Maréchals, Muzell Stosch, verfasst. Ohne uns auf die Vermutung der Gegner über die Echtheit oder Unechtheit des Briefes, die zu keinem Resultate kommen, einzulassen, müssen wir ihnen darin Recht geben, dass sich der Satz: „Cette lettre . . . . bis malade" nicht in dem vorgewiesenen Briefe findet, dass er also von d'Alembert hinzugesetzt ist. Er lässt auch allzudeutlich den d'Alembert erkennen, der sich wie Voltaire gegenüber so auch hier, was wohl zu beachten ist, entschuldigend über Rousseau ausspricht. Dagegen scheint uns das von d'Alembert verbesserte, schlechte Französich des Briefes von Muzell Stosch, über das die Gegner losziehen, gerade ein Zeichen der Echtheit zu sein, da der Brief von einem Deutschen verfasst ist. Was den Brief Rousseaus angeht, der die Schmähungen gegen Milord Maréchal enthalten sollte, so ist derselbe wohl nicht aus den Händen Muzell Stoschs gelangt. Ob Rousseau fähig gewesen ist, einen solchen Brief an Milord Maréchal zu richten, ist nicht unsere Aufgabe, zu untersuchen. Auffallend zu Gunsten einer solchen That Rousseaus spricht, dass Milord Maréchal plötzlich den Briefwechsel mit Rousseau abbrach und trotz aller Bitten des letzteren nicht wieder anknüpfte. Brockerhoff giebt dafür andere Gründe an, die uns aber nicht stichhaltig erscheinen.²) Wir müssen uns daran

---

¹) Vergl. Rousseau XXXIII, pag. 158.: Lettre à M. d'Alembert bringt sehr viel aus dem Briefe, mit dem d'Alembert die Schrift: „Lettre d'une anonyme à un anonyme, où procès de l'esprit et du coeur de M. d'Alembert" beantwortet. Diese ist, wie Musset-Pothay II., pag. 185 berichtet, von Madame de la Tour-Franqueville.

²) Brockerhoff III., pag 455 ff.

halten, was d'Alembert über das Verhältnis beider zu einander in Erfahrung gebracht hat. Dass er sich in Berlin darnach erkundigt hat, scheint durch die Form des Briefes erwiesen zu sein.[1]) Ist der Inhalt des Briefes unrichtig, so kann man d'Alembert daraus keinen Vorwurf machen. Ganz verkehrt aber ist es, zu glauben, dass er die ihm mitgeteilten Thatsachen benutzt habe, um an Rousseau sein Mütchen zu kühlen, ja, dass er den ganzen Éloge nur geschrieben habe, um sich an Rousseau zu rächen. Er hat, besonders in der Textstelle die Anklage nur angedeutet und darauf hingewiesen, er sei nicht berechtigt, Anklagen gegen Rousseau zu erheben, da er selbst sich über ihn zu beklagen habe. Wir müssen also sagen, selbst wenn die mitgeteilten Thatsachen falsch sind, so ist dies noch kein Grund, d'Alemberts Character anzugreifen, da er in gutem Glauben gehandelt hat.

IV.

D'Alembert wird von Musset-Pathay beschuldigt,[2]) die Classification der Wissenschaften, die er in seinem Discours préliminaire brachte, aus einem früher erschienenen Werke entnommen zu haben. Dieses ist: „Christophe de Savigny de Réthel: „Tableaux accomplis de tous les arts libéraux contenans brievement et clerement par singuliere methode de doctrine, une generale et sommaire partition des dits arts, amassez et reduicts par ordre pour le soulagement et profit de la jeunesse. Paris 1587." Die in betracht kommende Tafel ist überschrieben: „Encyclopédie ou suite et liaison de tous les arts et sciences." — Wir können direct nichts für oder gegen diese Beschuldigung sagen, da uns das von Musset-Pathay angeführte Buch nicht zur Verfügung gestanden hat. Aber auch ohne zu wissen,

---

[1]) Dorselbe ist datiert vom 21. XI. 1778 und beginnt: „Feu M. Rousseau écrivit un jour etc." Er steht Rousseau XXXIII., pag. 164 ff.
[2]) M.-P. II., pag. 11.

wie weit die Anlehnung an Savigny geht, ist der Vorwurf, den Musset-Pathay d'Alembert macht, hinfällig. Er sagt: „Mais d'Alembert, au lieu de citer le bon gentilhomme Réthelois qui en avait conçu l'idée primitive, en fait honneur à Bacon, en sorte, qu'on ne trouve nulle part le moindre éloge de Savigny, inventeur de la méthode." Wenn d'Alembert in der Lage war, einen Vorgänger nennen zu müssen, so ist es doch für ihn viel natürlicher, dann Bacon zu nennen als den ganz unbekannten Savigny. In dem Avertissement zu dem Abdruck des Discours préliminaire in den gesammelten Werken (I., 15) kommt er auf eine Anlehnung an Bacon zu sprechen: „Quelques personnes ont affecté de répandre, à la vérité sourdement, et sans preuves, que le plan m'avait été fourni par les ouvrages du chancelier Bacon" und führt dies zurück auf folgendes: „J'ai seulement emprunté, vers la fin de cette première partie, quelques unes de ses idées, en très-petit nombre, pour l'ordre encyclopédique des connaissances humaines .... ; à ces idées que Bacon m'afournies, et dont je n'ai point dissimulé que je lui étais redevable, j'en ai joint etc. ....." Musset-Pathay hätte d'Alembert auf alle Fälle durch Belegstellen ein Plagiat an Savigny nachweisen müssen. Aus der Form, in der er d'Alembert angreift, könnte man ebenso gut eine Beschuldigung für Bacon entnehmen, der auch den „Erfinder der Methode" nicht erwähnt hat. Brunet[1]) stellt es sogar als wahrscheinlich hin, dass die Tafeln des Savigny Bacon die Idee zu seinem Baum der Wissenschaften gegeben haben, der zuerst 1605 in der Abhandlung: „Two bookes of the proficence and advancement of learning divine and humane" aufgestellt wurde. Ausserdem fragt es sich, ob Musset-Pathey überhaupt berechtigt ist, Savigny den Erfinder der Methode

---

[1]) Manuel du libraire. Artikel: Christophe de Savigny.

zu nennen. Es sind schon vor Savigny Versuche gemacht
worden zu einer encyclopaedischen Zusammenfassung der
Wissenschaften.[1]) Zudem stellt La Croix de Maine, wie
Brunet[2]) berichtet, die Behauptung auf, dass Savigny gerade
die in Rede stehende Tafel von einem gewissen Bergeron
übernommen hat, der 1584 starb und ein Werk hinterliess:
„L'arbre universel de la suite et liaison de tous
les arts et sciences."[3]) Wenn aber schliesslich die Sa-
vignysche Arbeit benutzt ist, dann ist sie, da sie selbst
einen „Baum" enthält, auch nur bei dem sogenannten „arbre encyclopédique" in Anwendung gekommen, wie das aus
Musset-Pathay selbst hervorzugehen scheint[4]); dann ist also
d'Alembert ganz unschuldig, da dieser von Diderot verfasst ist.[5])

V.

Dieses, wie man sieht noch durchaus nicht erwiesene
Plagiat an Savigny nimmt Musset-Pathay zu Hülfe, um eine
Behauptung Rousseaus gegen d'Alembert zu stützen. Rousseau hat an zwei Stellen seiner Werke und ausserdem in
einem Briefe d'Alembert beschuldigt, in unerlaubter Weise
die ihm von Rousseau anvertrauten, für die Encyclopaedie

---

[1]) **Morley** in seinem Buche: Diderot and the Encyclopaedists
(London 1878, I., pag. 114 f.) giebt eine Zusammenstellung von Encyclo-
paedien, die in weit frühere Zeiten reicht als die des Savigny'schen Werkes.

[2]) Brunet a. a. O.

[3] Vergleiche dazu Biographie universelle (Michaud). Artikel:
Christophe de Savigny.

[4]) A. a. O.: „Il y a beaucoup d'adresse à répéter, comme on le
fait dans le Discours préliminaire de l'Encyclopédie, que c'est au chancelier
Bacon que l'on doit l'arbre encyclopédique, quand, dans ce lui qu'on y
substitue, on se rapproche beaucoup plus de l'arbre encyclopédique de
Savigny, dont on ne dit mot."

[5]) I, 14. J'ai averti et je ne saurais trop le répéter, que M.
Diderot est auteur du Prospectus . . . .; c'est à lui qu'appartient aussi
la Table ou le Système figuré des connaissances humaines et l'explication
de cette Table.

bestimmten musikalischen Artikel benutzt zu haben. Im zwölften Buche der „Confessions" schreibt Rousseau, dass er in Motiers begonnen habe, zum Zweck seiner Memoiren Briefe aus früheren Zeiten zu sammeln. Er entdeckte dabei, dass Briefe und auch andere Schriftstücke fehlten. Seine Papiere waren eine Zeitlang im Hause des ihm befreundeten Marschalls von Luxemburg aufbewahrt gewesen. Nach längerem Hinundherraten fiel sein Verdacht auf d'Alembert, „der, bereits näher bekannt (faufilé) mit Madame de Luxembourg, wohl ein Mittel hatte finden können, diese Papiere zu durchstöbern (fureter) und fortzunehmen, was ihm gefiel." Rousseau fährt fort: „Ich beunruhigte mich wenig über diese Diebereien, die nicht die ersten von derselben Hand waren," und fügt als Anmerkung hinzu: „J'avois trouvé dans ses Éléments de Musique beaucoup de choses tirées de ce que j'avois écrit sur cet art pour l'Encyclopédie, et qui lui fut remis plusieurs années avant la publication de ces Éléments. J'ignore la part qu'il a pu avoir à un livre intitulé: „Dictionnaire des Beaux-Arts," mais j'y ai trouvé des articles transcrits des miens mot à mot, et cela longtemps avant que ces mêmes articles furent imprimés dans l'Encyclopédie.¹) Rousseau gibt für die Beschuldigung des Diebstahls seiner Manuscripte im Text der Confessions keine Begründung. Wir werden uns daher nicht weiter bei ihr aufhalten, da sie wenig Wahrscheinlichkeit besitzt; Rousseau ist gross in solchen unbegründeten Vermutungen und sie sind wohl auf das Conto des allgemeinen Complotts zu setzen, von dem Rousseau sich umgeben glaubte und zu dessen schlimmsten weil verstecktesten Mitgliedern er d'Alembert zählte.

Die in der Anmerkung dagegen ausgesprochene Verdächtigung bedarf der Untersuchung. Sie ist wiederholt in Rousseau's: „Rousseau, juge de Jean-Jaques," gleichfalls in

---

¹) Rousseau XXIII., pag. 37.

einer Anmerkung.¹) Ausserdem ist in einem Briefe, adressiert an „M. L. D. M." Paris d. 23. Novb. 1770 nochmals bei Gelegenheit der im Hause des Marschalls von Luxemburg verschwundenen Schriften des Plagiats gedacht, das d'Alembert an Rousseau begangen haben soll.²)

In diesen Anmerkungen liegen zwei Anklagen Rousseaus gegen d'Alembert. Die eine bezieht sich auf die Elemente der Musik, die unter d'Alemberts eigenem Namen erschienen sind, die andere auf den „Dictionnaire portatif des beaux-arts" von Lacombe. Zu dem letzteren sollen Rousseaus Artikel für die Encyclopaedie zum Teil wörtlich benutzt sein. Wir können dieses nicht entscheiden, da wir nicht in den Besitz der „Dictionnaire" gelangt sind. Aus der Biographie universelle geht hervor, dass ein Schriftsteller Lacombe existiert hat und dass das Wörterbuch mehrere Auflagen und eine Übersetzung ins Italienische erlebt hat. Sollte es für Mme. de la Tour, die eifrige Verteidigerin Rousseaus auch in dieser Angelegenheit, nicht ein leichtes gewesen sein, das Wörterbuch sich zu verschaffen und den

¹) Rousseau XXIII., pag. 37.: „Tous les articles de musique que j'avois promis pour l'Encyclopédie furent faits dès l'année 1749 et remis par M. Diderot à M. d'Alembert, comme entrant dans la partie mathematique dont il étoit chargé; quelque temps après parurent ses Éléments de musique qu'il n'eut pas beaucoup de peine à faire. En 1786 parut mon Dictionnaire et quelque temps après une nouvelle édition de ses Éléments avec des augmentations. Dans l'intervalle avoit aussi paru un Dictionnaire des beaux-arts, où je reconnus plusieurs des articles que j'avois faits pour l'Encyclopédie. M. d'Alembert avoit des bontés si tendres pour mon Dictionnaire encore manuscrit, qu'il offrit obligeament au sieur Guy d'en revoir les épreuves, faveur que, sur l'avis que celui-ci m'en donna, je le priai de ne pas accepter.

²) Rousseau, Oeuvres complètes. Paris, Hachette. 1858. (Die Baseler Ausgabe giebt die Correspondenz nur unvollständig) VIII., pag. 407: „Sans parler de ses Éléments de musique, je venais de parcourir un Dictionnaire des beaux-arts, portant le nom d'un M. Lacombe, dans lequel je trouvais beaucoup d'articles tout entiers de ceux que j'avais faits, en 1749, pour l'Encyclopédie, et qui, depuis nombres d'années étaient dans les mains de M d'Alembert.

Nachweis zu führen, dass d'Alembert, wenn er nicht, wie sie vermutet, Lacombe nur vorgeschoben hat, mindestens einen Vertrauensbruch begangen hat, indem er die Manuscripte Rousseaus von fremder Hand benutzen liess?

In bezug auf die Elemente sind wir glücklicher gewesen. Wir sind in der Lage durch einen Vergleich der „Éléments de musique" von 1762 mit den in der Encyclopaedie erschienenen Artikeln von Rousseau festzustellen, ob thatsächlich eine unerlaubte Benutzung derselben stattgefunden hat. D'Alembert sowohl, wie Rousseau benutzen als Hauptquelle bei ihren theoretischen musikalischen Arbeiten die Werke Rameaus.[1]) Wenn sich also, wie es thatsächlich der Fall ist, Ähnlichkeiten finden, so hat man, ehe man direct auf ein Plagiat schliesst, erst auf die gemeinsame Quelle beider zurückzugehen, um dort den Grund dieser Ähnlichkeiten zu suchen. Wir haben desshalb zu dem Vergleiche Rameaus „Traité de l'harmonie (Paris 1722)" und „Génération harmonique (1737)" herangezogen. Ferner ist zu beachten, dass d'Alembert gar nicht die Absicht hat, eigene und neue Gedanken über die Musik zu bringen, er will nur die schwierig zu verstehenden Theorien Rameaus leichter begreiflich machen. Bei diesem Zwecke der Elemente ist von vornherein unverständlich, wesshalb er dazu Rousseau'sche Gedanken gebrauchen sollte. Zudem hat d'Alembert, zu dessen Gebiet als Herausgeber der Encyclopaedie die musikalischen Artikel gehörten, die hauptsächlichsten derselben überarbeitet und ergänzt, und man macht doch nicht Plagiate bei einem Schriftsteller, den man selbst verbessert. Das Ergebnis des Vergleichs ist denn auch ein negatives gewesen. Die vorkommenden Ähnlichkeiten sind entweder der Art, dass jeder musikalisch gebildete Mensch von selbst finden würde, was beide angeben, oder sie lassen sich auf

---

[1]) Vergl. d'Alembert: „Discours préliminaire des Éléments de musique" und viele Artikel von Rousseau's Hand in der „Eucyclopaedie" und dem „Dictionnaire de musique."

Rameau zurückführen, zumal da d'Alembert sich auf Einzelheiten gar nicht einlässt, sondern nur die allgemeinsten Fundamentalthatsachen bringt. Und auch Rousseau giebt zu, dass die für die Encyclopaedie gelieferten Artikel schlecht und eilig abgefasst sind.[1])

In der Auflage von 1762 der Elemente finden sich also keine Plagiate aus Rousseau. Die Anmerkung aus den Dialogen: „Rousseau, juge de Jean-Jacques" stellt nun die Sachlage so hin, und Mme. de la Tour[2]) führt dies aus, dass d'Alembert zu der 1772 erschienenen „nouvelle édition, revue, corrigée et considérablement augmentée" den Dictionnaire Rousseaus benutzt haben soll. Wir sind nicht im Besitz dieser Auflage, können also dies Plagiat nicht feststellen; warum aber thut dies Mme. de la Tour nicht, die das Buch in Händen gehabt haben will?[3]) Es wäre ihr ja ein leichtes gewesen, d'Alembert unauslöschlich an den Pranger zu stellen.

Wir bedauern, dass wir nicht im Stande sind, mit den in Deutschland vorhandenen Hülfsmitteln die Plagiatsfragen endgültig zu lösen. Wenn wir aber bedenken, dass d'Alembert, ein angesehener Schriftsteller, Mitglied vieler Academien, es doch durchaus nicht nötig hatte, sich mit fremden Federn zu schmücken, zumal einen so bekannten und gelesenen Schriftsteller, wie Rousseau, zu plündern oder plündern zu lassen, so werden wir nicht umhin können, zu sagen, dass Rousseau bei seiner leidenschaftlichen Gemütsart, bei der beständigen Angst vor offnen und verkappten Feinden, zu schwarz gesehen hat.

Wir haben diesen ganzen Abschnitt vielleicht etwas lang ausgedehnt, aber wir sind dazu bewogen worden, weil

---

[1]) Vergl. Préface zum Dictionnaire de musique. Rousseau XVII., pag. 1 ff.

[2]) Nach Morin, a. a. o., pag. 393, ist sie die Verfasserin des Briefes an d'Alembert in: Rousseau XXXIII., pag. 259.

[3]) Rousseau XXXIII., pag. 265.

III.

Die Philosophie d'Alemberts.

Es handelt sich in diesem Abschnitte darum, aus den Werken und Briefen d'Alemberts philosophische Ansichten im Zusammenhange zu entwickeln. Hierbei ist in erster Linie Bezug zu nehmen auf die „Éléments de philosophie ou sur les principes des connaissances humaines," die nicht ein ausgeführtes philosophisches Werk sein wollen, sondern nur die Grundzüge eines solchen geben sollen. Schon der Titel deutet darauf hin. Die Anregung zur Ausführung der Elemente entspringt dem Wunsche, das in der Encyclopaedie zerstreute philosophische Material in geschlossener übersichtlicher Form zu bieten. Leider verliert d'Alembert im Laufe der Ausführung diesen allgemeinen Gesichtspunkt zu leicht aus den Augen und vertieft sich in Einzelheiten, deren Stellung in grundlegende Elemente der Philosophie er durchaus nicht verteidigen kann. Besonders gilt dies von den beigefügten Erklärungen. In zweiter Linie ist zu berücksichtigen

---

[1]) Mit welchen Mitteln diese zuweilen vorgehen, möge man aus folgender Stelle bei Musset-Pathay (II., pag. 9) entnehmen: „D'Alembert avait un talent dont il faisait usage suivant l'occasion et les circonstances; c'était celui de contrefaire parfaitement les manières, les gestes, le ton de voix des personnes qu'il connaissait: il pleurait ou riait à volonté; mais il n'exerçait ce talent qui donne peu de droit à l'estime, que dans quelques sociétés de choix, parce qu'il aurait nui à sa réputation . . . ." Dies Talent soll er nun benutzt haben, um seinen wahren Character dahinter zu verstecken!

der „Discours préliminaire" der Encyclopaedie, wenn auch dieser etwas allgemeiner gehalten ist. Wir haben gesehen,[1]) warum d'Alembert seine eigene Meinung zuweilen nur andeutete oder ganz verschwieg; in solchen Fällen werden uns der Briefwechsel und die von Henry herausgegebenen Nachträge gute Dienste leisten.

§ 1.
Was ist Philosophie im Sinne d'Alemberts?

D'Alembert will aus der allgemeinen und durchdachten (raisonné) Geschichte der Wissenschaften und Künste, deren vier grosse Gebiete Kenntnisse, Meinungen, Streit und Irrtümer sind, nur das hervorheben, was die Menschen wahres gedacht haben. Hierunter ist nicht eine Anhäufung von einzelnen wahren Thatsachen zu verstehen, sondern eine Klarlegung der Principien unserer sicheren Kenntnisse, eine zusammenhängende Darstellung der Fundamental-Wahrheiten, wie sie sich im Verlauf der einzelnen Wissenschaften herausgestellt haben. Daraus ergiebt sich als allgemeinste Definition der Philosophie: „Die Philosophie ist nichts anderes als die Anwendung der Vernunft (raison) auf die verschiedenen Objekte, an denen sie sich versuchen kann."[2]) Dies bedeutet, die Philosophie ist die vernunftgemässe Behandlung sämtlicher Kenntnisse des Menschen, mit Ausnahme einer Art, derjenigen nämlich, die sich auf die geoffenbarte Religion beziehen, und zwar aus dem Grunde, weil sie durch Gegenstand, Character und durch die Art der ihnen innewohnenden Überzeugung, den menschlichen Wissenschaften fremd sind.[3]) Nur die Grenzlinie hat die Philosophie scharf zu wahren.

Die Philosophie ist nach d'Alembert also ihrem Inhalte nach mit den Einzelwissenschaften identisch, sie ist das zu-

---
[1]) Seite 14 f.
[2]) Éléments II. — I., 126.
[3]) A. a. O., pag. 128.

sammenfassende Band aller. Damit sie aber diese Stellung einnehmen kann, muss vorausgesetzt werden, dass in den Objekten, also in der Welt, so wie wir sie auffassen, wirklich eine Verknüpfung besteht, dass die Welt eine Einheit ist. Dann ist die Philosophie das Streben, die Vielheit der Dinge aus Principien zu erklären, diese Principien allmählich auf ein allgemeines Weltprincip zurück zu führen. Bei diesem Prozesse aber darf der Einbildungskraft nicht der mindeste Spielraum gelassen werden. Wir dürfen nur mit als wahr erkannten Thatsachen operieren. Princip ist eine jede Thatsache, aus der sich andere speciellere erklären lassen, ein Princip ist also jeder Anfangspunkt einer Reihe von Kenntnissen. Diesen Namen „Princip" verdienen die Principien aber nicht durch sich selbst, „sie sind vielleicht nur weit entfernte Consequenzen von anderen, allgemeineren Principien, die ihre Erhabenheit (sublimité) unseren Blicken entzieht.[1])

Um den Standpunkt zu verdeutlichen, auf dem die Wissenschaften sich jetzt befinden, braucht d'Alembert das Bild einer Kette. Einzelne Glieder derselben hat die Wissenschaft erkannt, aber noch an „tausend Stellen ist die Kette der Wahrheiten unterbrochen." Um aber das Ziel zu zeigen, bedient er sich des Bildes eines Baumes, dessen Zweige die Einzelwissenschaften sind. Die Zweige vereinigen sich zu Ästen, diese zum Stamme, der das Fundamentalprincip darstellt. Natürlich darf dieser Baum nicht verwechselt werden mit dem sogenannten „arbre encyclopédique", der nur eine mehr coordinierende Gruppierung des menschlichen Wissens ist.

§ 2.
Ausgangspunkt der philosophischen Forschung.

Wir haben das Ziel betrachtet, dem die Philosophie zustrebt, es ist, die allgemeinen Principien zu finden, aus denen die speciellen Thatsachen abgeleitet werden können.

---
[1]) Éléments IV. — I., 135.

Wenn wir nun bei allgemeinen Sätzen enden, so ist es unmöglich, dass die Wissenschaft mit solchen Sätzen begonnen werden kann, d. i., dass sie deduktiv aus Axiomen abgeleitet werde, welche vor dem Beginn des Studiums der Wissenschaft aufgestellt werden. Vielmehr liegen die Angriffspunkte einer jeden Wissenschaft in den einfachen und bekannten Thatsachen, welche wir täglich beobachten können, die uns gegeben sind, ohne dass wir erklären können, warum sie sind, und die wir nicht wegläugnen können. In diesem Sinne ist Ausgangspunkt der Geometrie die Thatsache, dass die Körper ausgedehnt sind, der Mechanik, dass sie undurchdringlich sind.[1]) Axiome hingegen können uns gar nichts lehren, da sie keine Thatsachen enthalten, sondern nur der Ausdruck eines und desselben Gedankens durch verschiedene Zeichen sind. Die Vorstellungen des Ganzen und seiner Teile, des Grösseren und Kleineren bilden eigentlich nur eine einzige Vorstellung, denn man kann eine ohne die andere sich gar nicht vorstellen.[2]) Axiome enthalten nur Relationen.

§ 3.
Methode der philosophischen Forschung.
Die Logik.[3])

Das allgemeine Werkzeug, das durch die ganze Philosophie hindurch gebraucht wird, ist die Logik. Es ist hierunter aber nicht die strenge, formale Logik des Aristoteles zu verstehen, sondern mehr eine Methodenlehre des wissenschaftlichen Forschens.

Zunächst ist die wichtigste Aufgabe der Logik, das Rohmaterial der beobachteten Thatsachen zu reinigen. Dies geschieht durch die Definition. Einen Begriff definieren heisst

---
[1]) Éléments IV. — I., 131.
[2]) Discours. — I, 31 f.
[3]) Eléments V. — I, 152—155. Erklärungen § V, VI. — I., 155 bis 180.

ihn in die einfachen Vorstellungen zerlegen, welche er in sich fasst.¹) Zwar ist die Operation, durch die wir einen zusammengesetzten Gegenstand auffassen, stets eine einheitliche. Aber es entscheidet hier nicht die Natur der geistigen Operationen, sondern die des Gegenstandes. Diese Zerlegung geschieht durch allmähliche Abstraction einer Eigenschaft nach der anderen. Darauf, was d'Alembert eine einfache Vorstellung (idée simple) nennt, kann erst in der Metaphysik eingegangen werden. Es möge für jetzt genügen, dass die einfachen Vorstellungen die undefinierbaren Elemente unseres Erkennens sind. Sie sind die Thatsachen, von denen die Wissenschaften ausgehen sollen.

D'Alembert giebt einige specielle Regeln, wie die Definition zu handhaben ist. Es sollen nur wesentliche Elemente in sie aufgenommen werden, sie soll möglichst kurz sein und, um dies zu erreichen, darf man bereits definierte zusammengesetzte Vorstellungen aufnehmen, und dergleichen mehr. Polemisch geht er vor gegen die Philosophen, welche eine Real- und Nominaldefinition unterscheiden, zumal wenn sie unter der ersteren eine Definition der Natur des Dinges verstehen, wie es an sich (en lui-même) ist. Die von ihm gegebene Definition ist weder das eine noch das andere, sie giebt die Natur des Dinges, so wie wir sie auffassen (concevoir), aber nicht, so wie sie ist. Nominaldefinitionen sind nur zulässig, wenn es sich darum handelt, wissenschaftliche Kunstwörter oder rein conventionelle Ausdrücke zu erklären. Diese sind aber nur anzuwenden, wo sie unumgänglich notwendig sind.

Um vom Bekannten zum Unbekannten fortschreiten zu können, kommt die zweite der logischen Thätigkeiten in Anwendung, das Schliessen (raisonner). Die Kunst des Schliessens nennt d'Alembert im engeren Sinne die Logik. Er beklagt sich über die Unzahl von Regeln, die seiner Ansicht nach das Schliessen belasten. Sein Verfahren reduciert sich

¹) Éléments IV. — I., 132.

auf eine „ganz einfache Regel": „um zwei oder mehrere von einander entfernte Objekte zu vergleichen, bedient man sich mehrerer Mittelglieder (objet intermédiaire); dasselbe findet statt, wenn man Vorstellungen vergleichen will."[1] Das Verfahren dabei ist folgendes: Um die Vorstellung A mit der Vorstellung B zu vergleichen, wird eine dritte Vorstellung C gesucht, unter die A fällt. Diese Vorstellung C fällt dann entweder unter B oder nicht. Je nachdem, welcher Fall eintritt, entscheidet sich ob A unter B fällt oder nicht. Wir sehen die erste Aristotelische Schlussfigur mit allen vier Modis in dieser Regel. Die Vorstellung A ist der Subjectsbegriff, die Vorstellung B der Prädicatsbegriff und die Vorstellung C der Mittelbegriff. Im übrigen hält d'Alembert die formelle Ausführung der Schlussfigur für ebenso unnötig zur Aufstellung eines gültigen Schlusses wie die Bezeichnung Theorem für einen Beweis.

Ein Beweis ist jedes Schlussverfahren, das mit Evidenz die Verknüpfung oder Widerspruch zweier Vorstellungen zeigt. Die geometrische Form ist dabei ein durchaus unnötiges Beiwerk. D'Alembert wünscht, dass man nur strenggültige Beweise anwenden möge, und im Falle dass das nicht anginge, sich einfach darauf beschränken möge, seine Unwissenheit einzugestehen; aber er muss zugeben, dass es eine Reihe von Fällen gibt, in denen wir handeln müssen, ohne doch dies auf Grund sicherer Thatsachen thun zu können. Solche Fälle treten ein in der Physik, Medicin, Jurisprudenz und Geschichte. In diesen Gebieten kann man öfters die aus reinen Operationen des Geistes hervorgehende Evidenz nicht erreichen, man muss sich in diesen Fällen behelfen mit einer gewissen Sicherheit (certitude) oder Wahrscheinlichkeit (probabilité).[2] Zu diesen Resultaten führt eine andere logische Thätigkeit.

---

[1] Éléments V. — I., 153.
[2] Discours. — I., 43.

Die Kunst des Vermutens (conjecturer), an anderen Stellen auch als Kunst der Hypothese bezeichnet, findet besonders Anwendung in der Physik, wo sie entweder zur Entdeckung der Ursachen von Erfahrungs- und Beobachtungsthatsachen hilft, oder uns die Entdeckung neuer Thatsachen erleichtert, die unsere Kenntnisse ergänzen, indem sie auf Analogien hinweist. Stets aber muss die Hypothese durch die Beobachtung controlliert werden. Sie verwandelt sich in einen Beweis, wenn die Erfahrungsthatsachen sie stützen, andernfalls ist sie nichtig. Wie d'Alembert im Allgemeinen denkt, geht aus einer Stelle im Abschnitt Astronomie der Elemente hervor: „Wir lieben es, es ist wahr, in der Philosophie unsere Entdeckungen zu verallgemeinern und sogar unsere Hypothesen, diese Art zu schliessen, gefällt uns, denn sie schmeichelt unserer Eitelkeit und unterstützt unsere Trägheit." [1]

Auf alle Fälle ist vor dem unvorsichtigen Gebrauch der Analogie zu warnen.

Eng mit der Bildung von Hypothesen hängt zusammen das Aufstellen von Systemen „die mehr geeignet sind, der Einbildungskraft zu schmeicheln, als den Verstand aufzuklären." [2] Auch bei ihnen ist die grösste Vorsicht zu beobachten.

Dies sind die wesentlichsten Punkte, die d'Alembert in bezug auf die philosophische Methode erwähnt. Es sind davon in dem „Logique" überschriebenen Abschnitt nur das Schlussverfahren und die Hypothesenbildung behandelt. Das übrige ist an verschiedenen Stellen der Werke verstreut.

---

[1] Éléments XVII. — I., 326.
[2] Discours. — I., 43.

§ 4.

Metaphysik.[1)]

Mit der Metaphysik treten wir in das eigentliche Gebiet der Wissenschaft und somit der Philosophie ein. Die Logik war das überall gültige Werkzeug derselben und die Leuchte, welche uns dort führt. Den Ausgangspunkt der Philosophie bildet die unbezweifelbare Thatsache, dass wir Sensationen haben. Wir empfangen dieselben mittelst des äusseren und des inneren Sinnes. Zwar unterscheiden wir im allgemeinen innerhalb des ersteren fünf Sinne im engeren Verstande, aber diese Zahl ist nicht ausreichend, der Gefühlssinn (toucher) übermittelt eine Reihe durchaus von einander verschiedener Empfindungen, z. B. ausser dem eigentlichen Gefühl Temperaturempfindungen. In anderer Weise betrachtet ist jeder Sinn nichts anderes als ein modificierter Gefühlssinn, indem dieser entweder unmittelbar wirkt, beim Geschmack und eigentlichen Druckgefühl, oder mittelbar, bei den anderen Sinnen.[2)] Ganz verschieden davon ist der innere Sinn, dessen Sitz der gesammte Körper ist. Er bringt ohne wahrnehmbare äussere Action angenehme oder unangenehme Sensationen hervor. Eine Besonderheit des inneren Sinnes ist, dass nicht allein, wie die anderen Sinne, er auf die Seele einwirkt, sondern dass bald dieser Fall stattfindet, bald aber die Seele auf ihn einwirkt.[3)] D'Alembert unterscheidet hier den inneren Sinn von der Seele und weist ihm als Hauptsitz die Magengegend an, den Ort des Körpers, auf den lebhafte seelische Erregungen den meisten Einfluss haben. Worin der Unterschied zwischen innerem Sinn und Seele besteht, darüber spricht er sich nicht deutlich aus.

[1)] Éléments VI. — I., 180—193. Erklärungen § VII, VIII. — I., 193—207.
[2)] Eléments § VII. — I., 184—196.
[3)] I., 196.

Vielleicht nennt er Seele die Gesamtheit der geistigen Vorgänge, die sich in den Organen des Körpers abspielen. D'Alemberts Ansicht weicht ganz von der Lockeschen ab; dieser bezeichnete als inneren Sinn die Reflexion, die Bearbeitung der Sensationen der äusseren Sinne, während jener das unter dem inneren Sinn versteht, was wir Gefühl in übertragenem Sinne nennen; er bezeichnet denselben auch mit dem für seine Ansicht passenderen Worte „sentiment" und unterscheidet ihn von dem Denkvermögen (pensé), dessen Organ das Gehirn ist.

Bevor wir von den Sensationen zum Denken fortschreiten, haben wir uns noch mit der Frage nach dem Ursprung derselben zu beschäftigen, mit anderen Worten, mit der Prüfung der Operation des Geistes, von den Sensationen auf äussere Gegenstände zu schliessen. Diese Prüfung kann nur mittelst Selbstbeobachtung geschehen. D'Alembert zerlegt die Frage nach der Existenz der Aussenwelt in drei auseinander zu haltende Theile. Erstens: Wie schliessen wir aus unseren Sensationen auf die Existenz äusserer Dinge? Zweitens: Ist dieser Schluss streng beweisbar (démonstratif)? Drittens: Wie gelangen wir durch unsere Sensationen zu der Bildung der Vorstellung von der Ausdehnung und den Körpern?[1])

Der ersten Frage liegt die Thatsache, dass wir so schliessen zu Grunde; also muss sie einer ganz evidenten Lösung fähig sein. Sie soll erklären, wie wir überhaupt dazu kommen, eine Aussenwelt anzunehmen. Diese Annahme beruht auf dem Gefühl, specieller auf dem Tastsinn von unserer Seite, welcher uns Widerstand meldet; dieser Widerstand kann nicht von uns ausgehen; es ist also etwas ausser uns, von dem derselbe herstammen muss, und zwar etwas reelles, gegenständliches, nichts geistiges.[2]) Mit diesem Resultate

---

[1]) Éléments VI. — I., 181.

[2]) I, 182: „Le philosophe suivra donc l'intention de la nature, en s'attachant au toucher comme à celui de nos sens qui nous fait vraiment connaître l'existence des objets extérieurs. D'ailleurs l'impéné-

verbinden wir die Aussagen unserer anderen Sinne, vornehmlich die des Gesichtssinnes, der dort Farben wahrnimmt, wo der Tastsinn Widerstand empfindet. Die Antwort auf die erste Frage lautet also: Wir schliessen auf eine Aussenwelt aus der Widerstandssensation des Tastsinnes mit der die durch alle anderen Sinne gelieferten Sensationen übereinstimmen. D'Alembert entlehnt diese Antwort auf seine erste Frage im allgemeinen dem „Traité des sensations" von Condillac. Auf diesen spielt er an in den Worten: Nous ne prétendons point blâmer l'analyse qu'un philosophe moderne a faite de nos sens, en examinant ce que chacun d'eux pris séparément peut nous apprendre et ce qu'ils nous apprennent étant réunis." In der Erklärung (§ VII.) zu dieser Stelle der Metaphysik lässt er sich näher darauf ein, was aus den einzelnen Sinnen und aus dem Zusammenwirken derselben sich folgern lässt. Im speciellen weicht d'Alembert hier von Condillac ab. Wenn letzterer z. B. meint, dass die Augen nicht unmittelbar Flächen sehen, sondern die Gesichtssensationen auf die vom Tastsinn herrührenden Flächenempfindungen übertragen,[1]) so stellt d'Alembert direct das Gegenteil auf, wenn er sagt: „Il est certain que la vue seule, indépendamment du toucher, nous donne l'idée de l'étendue; puisque l'étendue est l'object nécessaire de la vision et qu'on ne verrait rien, si on ne le voyait étendu" (I., 193). Und d'Alembert scheint uns hier mehr im Recht zu sein, hat er doch die Thatsache für sich, dass der Tastsinn das räumliche Nebeneinander nur bei kleinen Objecten sofort angiebt, bei grösseren Gegenständen dagegen erst nach einiger Zeit, die durch das Betasten und Suchen der Grenzen verfliesst, bei ganz grossen

trabilité, cette qualité essentielle des corps, ne nous est connue que par le toucher, nouvelle observation qui indique le toucher au métaphysicien, comme le sens dont il doit s'aider dans une pareille recherche."

[1]) Condillac, Traité des sensations. III. Cap. 3. § 3. — vergl. I. Cap. 11. (Oeuvres Bd. III. Paris 1769.)

überhaupt keine bestimmte Umgrenzung angeben kann. Soll
unter „étendue" dagegen nicht die umgrenzte Fläche, sondern
die Grösse des Objects gemeint sein, so hat Condillac recht,
denn die Grösse des Gegenstandes giebt der Tastsinn richtig
an. Wir begnügen uns mit diesem Beispiel, ein ausführlicher
Vergleich der Ansichten d'Alemberts und Condillacs würde
zu weit führen.

Die zweite Frage ist, ob der Schluss auf die Aussenwelt
streng beweisbar ist. D'Alembert beschäftigt sich in der Antwort mit Beweisen, die von verschiedenen Philosophen gegeben
sind, so mit dem Descartenschen, dass Gott uns täuschen
würde, wenn unsere Sensationen uns nur phantastische Wesen
vorspiegelten.[1]) Da aber in diesem Beweise eine directe und
ursprüngliche (primitif) Wahrheit durch eine durch Denken
gefundene (réfléchi) bewiesen werden soll, die Existenz der
Körper durch die Gottes, während gerade das umgekehrte
richtig ist, so ist dieser Beweis nicht stichhaltig. Überdies
würde er einen ihn hartnäckig leugnenden Philosophen nicht
überzeugen, denn dieser würde einwenden, man thäte Gott
Unrecht, wenn man ihm menschliche Irrtümer zuschöbe.
Ausserdem sei es doch ohne Zweifel, dass die Sinne täuschen.
D'Alembert führt diesen Philosophen mit einer längeren Rede
ein, aus der hervorgeht, dass derselbe als ein Anhänger
Berkeley's gedacht ist. Berkeley findet, dass den Sensationen gar keine materielle Gegenstände zu Grunde liegen,
und d'Alembert führt seinen Beweis aus den Widersprüchen
dafür an, die sich in den Objekten finden, welche man den
Sensationen zu Grunde legen will. D'Alembert widerlegt
Berkeley nicht, sondern nennt ihn einen „pyrrhonien décidé"
und meint, man müsse ihn entweder mit seinem Glauben
allein lassen oder ihn mit Phantomen leben und reden lassen.[2])

---

[1]) A. a. O.: „Ceux qui regardent nos sensations comme une preuve
démonstrative de l'existence des objets, prétendent que Dieu nous tromperait si nos sensations ne nous représentaient que des êtres fantastiques.

[2]) I., 184: „La meilleure réponse à ce pyrrhonien décidé est celle
de Diogène à Zénon: „il faut ou l'abandonner à sa bonne foi, ou le

Nachdem d'Alembert einen Beweis für und einen gegen die Existenz der äusseren Welt gebracht hat, kommt er zu dem Resultate, dass man für oder gegen dieselbe keinen strengen Beweis liefern könne. Das einzige, was sich darüber sagen lasse, sei: „Dieselben Wirkungen entspringen denselben Ursachen; wenn man also für einen Augenblick die Existenz der Körper voraussetzt und ihre Wirkung betrachtet, so kann diese weder lebhafter, noch dauernder, noch einheitlicher sein, als die Wirkung unserer Sensationen; folglich müssen wir annehmen, dass die Körperwelt existiert. Soweit kann die Überlegung hierin gehen, hier muss sie Halt machen." (I., 184).

Auch die dritte Frage: Wie gelangen wir durch unsere Sensationen zu der Bildung der Vorstellung von der Ausdehnung und den Körpern, schliesst unlösbare Schwierigkeiten ein. Da, wie wir oben gesehen haben, die Annahme einer Aussenwelt hauptsächlich auf dem Tastsinn beruht, so können wir die Frage auch specieller so stellen: „Wie giebt uns der Tastsinn die Idee des Angrenzens (contiguité) der Teile aneinander, worin die Ausdehnung besteht?" Die Ausdehnung ist eine zusammengesetzte Vorstellung (perception multiple) d. i. eine Vorstellung, die aus einer Summe einzelner zusammengesetzt ist und diese können wir nicht in ihre Elemente auflösen, weil jedes Element der Ausdehnung nur einer einfachen Wesenseinheit entspringen kann. Diese Einheiten aber kennen wir nicht. Und selbst wenn wir sie kennten, würden wir nicht begreifen können, wie eine begrenzte oder auch eine unbegrenzte Anzahl derselben eine zusammengesetzte Vorstellung ausmachen kann. Kurz, die Sensation, welche uns die Ausdehnung erkennen lässt, ist ebenso unfassbar wie die Ausdehnung selbst. Ganz dasselbe gilt auch von den Körpern, der Materie. In ihr inneres

---

laisser vivre et raisonner avec des fantômes." In einer Anmerkung nennt d'Alembert Berkeley einen „raisonneur."

Wesen (essence) einzudringen, ist uns unmöglich.[1]) Wir wissen also weder was Ausdehnung noch was Körper ist, aber es kommt für unsere Wissenschaft auch garnicht darauf an, in das Wesen der Körper einzudringen, denn unter Zugrundelegung der Materie, „so wie wir sie auffassen," können wir Eigenschaften derselben ableiten, ursprüngliche und secundäre, und ein System der Phänomene aufstellen.[2])

Wenn aber die uns umgebende materielle Welt uns ganz verschlossen ist, so kann das denkende Princip in uns unmöglich materiell sein, denn es ist anders geartet als jene, die sich unfähig zu handeln, zu wollen, zu fühlen und zu denken zeigt.[3]) Damit ist der Materialismus im Princip abgelehnt. Von d'Alemberts Meinung über das entgegengesetzte Extrem, alles zu vergeistigen, ist schon bei der Besprechung der zweiten Frage die Rede gewesen.

---

[1]) I., 185: „C'est que nous ne pouvons remonter jusqu'aux perceptions simples qui sont les élémens de cette perception multiple, comme nous ne pouvons remonter aux élémens de la matière; c'est que toute perception primitive, unique et élémentaire, ne peut avoir pour objet qu'un être simple et qu'il nous est aussi impossible de concevoir comment l'assemblage d'un nombre fini ou infini de perceptions simples produit une perception composé que de concevoir comment un être composé peut se former d'êtres simples. En un mot, la sensation qui nous fait connaître l'étendue est, par sa nature, aussi incompréhensible que l'étendue même; ainsi l'essence de la matière, et la manière dont nous nous en formons l'idée, restera toujours couverte de nuages.

[2]) I., 186: „Que nous importe au fond de pénétrer dans l'essence des corps, pourvu que la matière étant supposée telle que nous la concevons, nous puissions déduire des propriétés que nous y regardons comme primitives, les autres propriétés secondaires que nous apercevons en elle, et que le système général des phénomènes, toujours uniforme et continu, ne nous présente nulle part de contradiction?"

[3]) A. a. O.: „ . . . . l'expérience journalière nous démontre que cet assemblage d'êtres, quel qu'il soit, que nous appelons matière, est par lui-même incapable d'action, de vouloir, de sentiment et de pensée. C'en est assez pour conclure que cet assemblage d'êtres ne forme point en nous le principe pensant."

Damit ist die Frage nach dem Ursprung unserer Sensationen erledigt und wir treten jetzt ein in das Gebiet der Vorstellung. Jede Vorstellung ist, im eigentlichen Sinne gesprochen, der einfache Vorgang der Aufnahme eines Objektes, mag dasselbe so zusammengesetzt sein, wie es will. Wir fassen alle Eigenschaften des Körpers: Ausdehnung, Undurchdringlichkeit, Form und Farbe gleichzeitig auf, wenn wir ihn vorstellen [1]) Über den Grad der Zusammensetzung der Vorstellung entscheidet nicht die Aufnahmeoperation, sondern der vorgestellte Gegenstand.

Jede Vorstellung, soweit sie nicht selbst eine einfache ist, ist aus einfachen Vorstellungen zusammengesetzt und kann durch Definition in diese zerlegt werden. Von diesen einfachen Vorstellungen giebt es zwei Arten: abstrakte und primitive. Eine abstrakte Vorstellung haben wir, wenn wir an einem Gegenstande nur eine oder einige Eigenschaften betrachten, ohne auf noch andere an ihm vorhandene Rücksicht zu nehmen. Eine primitive Vorstellung dagegen ist jedes undefinierbare, aus den Sensationen stammende Element unseres Denkens. Als abstrakte Vorstellungen bezeichnet d'Alembert Ausdehnung, Dauer, Existenz, Sensation. Wir halten diese Einteilung d'Alemberts mindestens für überflüssig, denn jede primitive Vorstellung, wenn sie durch Definition isoliert wird, fällt unter die abstrakten. Wie wenig Klarheit er hierüber besitzt, kann man daraus sehen, dass er die Ausdehnung an anderen Orten eine zusammengesetzte Vorstellung nennt (I., 42), und als undefinierbar bezeichnet, während er hier die zusammengesetzten Vorstellungen als definierbar bezeichnet, die Ausdehnung aber unter die einfachen abstrakten Vorstellungen einreiht. Wir wollen, indem

---

[1]) Éléments IV. — I., 132: „A proprement parler il n'y a aucune de nos idées qui ne soit simple; car quelque composé que soit un objet, l'opération par laquelle nous le concevons est unique; ainsi c'est par une seule opération simple que nous concevons un corps comme une substance tout à la fois étendue, impénétrable, figurée et colorée."

wir von den Elementen beginnen und synthetisch vorgehen, versuchen, d'Alemberts Ansicht über die Vorstellungen zu erklären. Die Elemente sind die ursprünglich einfachen Vorstellungen, von denen uns jeder Sinn eine Reihe liefert. Aus ihnen entsteht die zusammengesetzte Vorstellung eines Denk-Objektes durch beliebige Combination, nur können niemals mehrere Sensationen eines und desselben Sinnes gleichzeitig, wenn es sich um materielle Dinge handelt, und am selben Orte auftreten. Dagegen entsteht aus den Elementen die abstrakte Vorstellung gerade umgekehrt, wenn man mehrere Sensationen derselben Art, eines und desselben Sinnes zusammenfasst. In dieser Weise combiniert man mehrere Empfindungen blau zu der abstrakten einfachen Vorstellung des blauen. Mehrere solche abstrakt einfache Vorstellungen können verallgemeinert werden, d. i. unter einen allgemeineren übergeordneten Begriff gestellt werden. Aus den Vorstellungen blau, weiss, rot combiniert man in dieser Weise die abstrakte zusammengesetzte Vorstellung: Farbe.[1]) Dies ist der Kern der Ansichten d'Alemberts. Auf diese Art will er alle Vorstellungen, die vorkommen können, aus den Sensationen ableiten bis zu den entferntesten: z. B. führt er als eine solche die des Gerechten und Ungerechten an. Diese Vorstellung führt er auf die des Leidens (souffrance) zurück. Der Mensch abstrahiert aus gewissen Sensationen die Vorstellung des Leidens, auf diese gründet sich die des Ungerechten.[2]) Diese Lehre von den Vorstellungen macht den positiven Inhalt und den eigentlichen Zweck der Metaphysik aus.[3])

---

[1]) Das Material dieser Darstellung findet sich Eléments IV. — I., 133 f. und § II. — I., 138 f.

[2]) Eléments § VIII. — I., 206: .... „l'homme n'a l'idée de l'injuste que parce qu'il a l'idée de souffrance, et il n'a l'idée de souffrance que parce qu'il a des sensations."

[3]) Éléments XIII. — I., 235: „En effet, la métaphysique a pour but d'examiner la génération de nos idées, et de prouver qu'elles viennent toutes de nos sensations. Or pour faire cet examen d'une manière com-

Da d'Alembert, allerdings sehr vorsichtig auch die grossen metaphysischen Probleme der Unsterblichkeit der Seele, der Willensfreiheit und Gottes in den Bereich seiner Untersuchungen zieht, haben wir uns jetzt mit diesen zu beschäftigen. Er verfolgt im allgemeinen die Methode, die Ansichten anderer Philosophen zu besprechen, und, wo sich eine Lücke in ihren Theorien findet, die die Fehlerhaftigkeit des Ganzen zeigt, darauf hinzuweisen, dass hier die Philosophie zu Ende sei und das Reich des Glaubens anfange. Da er aber anfangs diesem das Recht, mitzusprechen, genommen hat, so weiss man was d'Alemberts, wenn auch unausgesprochene Meinung ist.

Was zunächst die Seele angeht, so bespricht er etwas ironisierend die Philosophie, welche dem Seelenleben eine geistige Substanz unterlegen will. Wenn man, so meint er, eine so scharfe Trennungslinie zieht zwischen der ausgedehnten und der denkenden Substanz, warum macht man dann keinen ebenso strengen Unterschied zwischen der denkenden Substanz und der empfindenden (qui sent)? Er fragt beispielsweise, welche Beziehung denn zwischen dem Sehen einer Farbe und der Vorstellung des Ungerechten bestände, die beide einer Substanz angehören. An dieser Frage erkennt man deutlich, dass er die Unterscheidung von Substanzen lächerlich machen will, da wir eben seine eigene Ansicht über diese Beziehung vernommen haben. Warum trennt man ferner nicht, so fragt er weiter, die Substanz des inneren Sinnes von der des äusseren? Das gleichzeitige Auftreten beider kann unmöglich dieser Trennung im Wege stehen, denn trotz des unabweisbaren Zusammenhangs zwischen einer Sensation und der Erregung des Organs, das die Sensation hervorbringt, reisst man diese beiden auseinander. Wie tief eingewurzelt diese widersinnige Trennung in Sub-

---

plète, il faut montrer de quelle manière nos sensations font naître en nous les idées qui en paraissent les moins dépendantes, comme celles du juste et l'injuste."

stanzen ist, kann man schon daraus erkennen, dass sich bereits bei Plato eine Dreiteilung der Seele findet. D'Alemberts eigene Ansicht über diesen Punkt ist kurz: Über die Substanzen wissen wir nichts sicheres, mag es sich also mit ihnen verhalten, wie es will, vor allem darf man zusammengehörige Dinge nicht auseinanderreissen, und solche, die gar keine nähere Beziehung zu einander haben, durch einander würfeln.[1]) Schon dies letztere schliesst unter allen Umständen aus, nur ein Princip und zwar die Materie einzuführen, zumal dieser Begriff ein „abime d'obscurités" ist [2])

Aus der ganzen Art, wie d'Alembert hier den Begriff der Substanz behandelt, geht hervor, dass er ebenso wenig geneigt ist, eine geistige Substanz dem seelischen Leben unterzulegen. Zehn Jahre nach der Abfassung der Elemente, als d'Alembert in der Correspondenz mit Friedrich dem Grossen auch solche philosophische Fragen berührte, bemerken wir eine Wendung zum Materialismus. Zwar ruft er immer noch mit Montaigne aus: „Que sais je"[3]) Aber er ergeht sich doch in stark materialistischen Vermutungen. Z. B. sagt er, dass man überall in der Welt, besonders in dem Bau (construction) der Tiere, Spuren einer Intelligenz findet. Zweifellos ist diese mit einzelnen Teilen der Materie verbunden. Bei Mensch und Tier leitet sie einen Teil der Bewegungen und ausserdem alles vernünftige Handeln der ersteren. Es fragt sich nun, ob diese Intelligenz von der Materie verschieden, oder ob sie eine von der Organisation abhängige Eigenschaft ist. „Die Erfahrung scheint das letztere zu beweisen und sogar klar an den Tag zu legen (démontrer), da die Intelligenz wächst und abnimmt in dem Maasse, wie der Organismus sich vervollkommnet und wieder

---

[1]) Éléments § VII. — I., 197.
[2]) I., 198: „Bien loin de prétendre tout réduire à la matière, plus j'approfondis la notion que je m'en forme, plus cette notion me paraît un abime d'obscurités."
[3]) V., 296. — Brief vom 2. August 1770.

abnimmt." Allerdings, wie die Organisation Gefühl und Gedanken hervorbringt, ist damit noch nicht gelöst, und wird voraussichtlich immer unbekannt bleiben, aber trotzdem scheint die Erfahrung uns die Materialität zu beweisen.[1]) Damit ist aber die Existenz des Geistigen noch garnicht erschüttert, wir können nur in das Wesen desselben nicht eindringen. Was die Frage nach der Unsterblichkeit der Seele angeht, so stellt d'Alembert verschiedene, von anderen aufgestellte Sätze für und gegen dieselbe einander gegenüber und folgert unsere gänzliche Unsicherheit über diesen Punkt, wenn wir nicht die Offenbarung zu Hülfe nehmen wollen, was er natürlich nicht will. Der Meinung, dass unsere Seele dauern müsse, weil Gott sie nicht zerstören könne, ohne sie gänzlich zu vernichten, und die Körper nur durch Transformation sich zerstören[2]), stellt er gegenüber, dass die Tierseelen nicht unsterblich seien, sondern dass die immaterielle Substanz (substance immaterielle) mit ihnen untergehe[3]). Eine

---

[1]) V., 299 f. — Brief vom 30. November 1770.

[2]) Eléments VI. — I., 191: „Nous avons de très fortes raisons de croire que notre âme subsistera éternellement, parce que Dieu ne pourrait la détruire sans l'anéantir, que l'anéantissement de ce qu'il a produit une fois ne paraît pas être dans les vues de sa sagesse, et que les corps même ne se détruisent qu'en se transformant. — D'Alembert schwebt vielleicht der Platonische Unsterblichkeitsbeweis aus der Unteilbarkeit der Seele vor, vielleicht hat er auch an Leibniz gedacht, dessen Metaphysik die Fortdauer der Seelen notwendig macht. Man vergleiche z. B. folgende Stelle aus dem „Nouveau système de la Nature" (Erdm. pag. 125.): „.... les transformations de Messieurs Swammerdam, Malpighi et Leewenhock .... sont venues à mon secours, et m'ont fait admettre plus aisément, que l'animal et toute autre substance organisée ne commence point, lorsque nous le croyons, et que sa génération apparente n'est qu'un dévelopement et une espèce d'augmentation."

[3]) D'Alembert steht hier die Lehre von Descartes vor Augen, welche dieser z. B. in der „Dissertatio de methodo" im 5. Abschnitt bespricht, aber er giebt dieselbe nicht correct wieder, nach Descartes sind die Tiere reine Automaten, materielle, besonders fein construirte Dinge, welche an

negative Instanz ist ihm auch das Princip, dass nichts geschaffenes von Natur unsterblich ist. D'Alembert führt diese ganze Untersuchung noch etwas weiter, macht auch scheinbar einige Concessionen: so sagt er, dass, obwohl zwischen der Seele (spiritualité) des Menschen und der Tiere kein Unterschied zu machen sei, doch die Seele der letzteren sterblich sei, die der ersteren unsterblich weil Gott dies so gewollt habe (I., 192). Sein Schlusssatz aber zerstört alles vordem gesagte wieder: „Endlich wird sich der Weise damit zufrieden geben, aus der Philosophie alle Belehrung gezogen zu haben, die sie über diesen Gegenstand geben kann, und schweigen über das, was er nicht begreifen kann." (I., 193).

Das zweite der hierhergehörenden Probleme ist das der Freiheit des Willens. D'Alembert behandelt dasselbe allerdings in dem Abschnitt über Moral der Elemente, um diese darauf zu stützen, aber im Grunde ist dasselbe doch ein metaphysisches Problem und daher hier am richtigen Orte. Allerdings darf man die Stelle in den Elementen[1]) nur mit Vorsicht behandeln, da d'Alembert sich hier mit einem indeterministischen Scheine umgiebt; aber aus der unterdrückten Erklärung über die Willensfreiheit und vor allem aus den Briefen an Friedrich d. Gr. geht hervor, dass d'Alembert strenger Determinist war.

Der Inhalt der Elemente ist im wesentlichen der folgende: Wenn der Mensch nicht frei wäre, so würde es keinen Unterschied zwischen physischem und moralischem Übel geben. Denn wenn alles Handeln der Menschen ein rein mechanisches wäre, kann man niemandem aus seinen Handlungen einen Vorwurf machen. Wie ist es aber mit den Beweisen für den freien Willen beschaffen? Natürlich kann man die Freiheit nicht durch die Existenz des mora-

---

der substantia cogitans gar keinen Anteil haben. Es ist daher unkorrekt, wenn d'Alembert sagt: „Dans lesquels [animaux] la substance immatérielle périt avec eux."

[1]) Éléments VII. — I., 209.

lisch Guten und Bösen beweisen.¹) Der eigentliche Beweis für dieselbe liegt im Gefühl der Macht, auch eine andere Handlung thun zu können, als die, die wir wirklich ausführen. Wir trennen also im Geiste das Vermögen (pouvoir) zu handeln von der Handlung selbst und betrachten jenes als existierend, während die dazu gehörende Handlung nicht existiert.²) Es ist dies kein strenger Beweis, er ist analog dem, den d'Alembert weiter oben für die Körper gegeben hat. Wir können nicht ein lebhafteres Gefühl der Freiheit unseres Willens, diese vorausgesetzt, haben, als wir es wirklich haben. Näher betrachtet, was es heisst, der Mensch ist frei, kann dies nicht bedeuten, der Mensch handelt ohne Ursache und ohne Motiv, was unmöglich wäre, sondern er handelt nach freier Wahl und ohne äusseren Zwang.³)

Dies bringt uns auf die in den Briefen an Friedrich d. Grossen ausgesprochenen Ansichten, denn hierin liegt der Keim des Determinismus, und man wird durch die Wahl der Worte überzeugt davon, dass die ganze Auseinandersetzung in den Elementen nur Spiegelfechterei sei.

D'Alembert giebt in den Briefen folgende Erklärung: „Der Mensch ist frei, in dem Sinne, dass in den nicht maschinellen (mechanischen) Handlungen er sich bestimmt aus sich selbst (de lui-même) und ohne Zwang; aber er ist es nicht, in dem Sinne, dass, wenn er sich selbst bestimmt,

---

¹) A. a. O.: „C'est donc renverser l'ordre naturel des idées, que de vouloir prouver l'existence de la liberté par celle du bien et du mal moral."

²) A. a. O.: „Car le sentiment de notre liberté consiste dans le sentiment du pouvoir que nous avons de faire une action contraire à celle que nous faisons actuellement; l'idée de la liberté est donc celle d'un pouvoir qui ne s'exerce pas, et dont l'essence même est de ne pas s'exercer au moment que nous le sentons, cette idée n'est donc qu'une opération de notre esprit, par laquelle nous séparons le pouvoir d'agir avec l'action même, en regardant ce pouvoir oisif, quoique réel, comme subsistant pendant que l'action n'existe plus."

³) I., 210: „Demander si l'homme est libre, ce n'est pas demander s'il agit sans motif et sans cause, ce qui serait impossible, mais s'il agit par choix et sans contrainte.

selbst freiwillig und durch eigene Wahl, er stets eine Ursache hat, die ihn dazu bringt, sich zu bestimmen und die die Wage auf die Seite ausschlagen lässt, auf welche er sich stellt.[1]) Diese Ursache liegt in der notwendigen Verfassung (disposition) unserer Organe und in den zwingenden Wirkungen ausser uns befindlicher Wesen.[2])

In diesem klar ausgesprochenen Determinismus sind Strafen und Ermahnungen nur Motive des Willens; und selbst den Einwurf Friedrichs, dem dieser strenge Determinismus nicht nach dem Sinne war: „ein Mensch, der seine Leidenschaften besiege, beweise doch die Freiheit seines Willens", beantwortet d'Alembert: „Die, welche ihren Leidenschaften Widerstand leisten, thun dies aus Motiven, welche stärker sind, als die Leidenschaften."[3])

Das uns noch übrig bleibende der von d'Alembert behandelten Probleme ist das weittragendste und interessanteste. Es ist die Frage nach der Existenz und dem Wesen Gottes. Auch hierüber geben die Elemente zwar viele Worte, aber wenig Inhalt, der Hauptstoff, die entwickelte Ansicht d'Alemberts ist wieder in den Briefen an Friedrich d. Gr. niedergelegt.

In den Elementen spricht d'Alembert hauptsächlich von den Beweisen für das Dasein Gottes und zwar beginnt er mit dem Altertum. Er führt den Beweis ex consensu gen-

---

[1]) V., 297. — Brief vom 2. August 1770: „L'homme est libre, en ce sens que, dans les actions non machinales, il se détermine de lui-même et sans contrainte; mais il ne l'est pas, en ce sens que, lorsqu'il se détermine, même volontairement et par choix, il y a toujours quelque cause qui le porte à se déterminer, et qui fait pencher la balance pour le parti qu'il prend."

[2]) V., 304. — Brief vom 30. November 1770: „Mais cette détermination n'en est pas moins la suite nécessaire de la disposition non moins nécessaire de nos organes et de l'effet non moins nécessaire que l'action des autres êtres produit en nous."

[3]) V., 308. — Brief vom 1. Februar 1771: „ . . . . ceux qui résistent à leur passions, y résistent par des motifs qui sont plus forts auprès d'eux que ces passions même."

tium an ¹), sieht aber, dass dieser seit der Zeit des Christentums viel von seiner Kraft verloren hat, weil Gott von den verschiedenen Völkern verschieden gedacht wurde. Man darf sich nicht darüber wundern, dass es damals Philosophen gab, welche durch das Übel in der Welt veranlasst wurden, Gottes Existenz zu leugnen, oder Gott und Welt identificierten, oder auch nur sich über die Dunkelheit der Vorstellung von Gott beklagten, denn damals waren die Menschen nur auf ihren natürlichen Verstand angewiesen. „Diese Dunkelheit entschuldigt sie nicht," schliesst er ironisch, „sie waren in der gleichen Lage, wie die Völker, welche Gott durch ein ebenso gerechtes wie unbegreifliches Urteil ewig dafür strafen wird, dass sie die Dogmen des Christentums nicht gekannt haben; entsetzliche Wahrheit, an der zu zweifeln, der Glaube uns nicht gestattet!" (I., 189).

D'Alembert geht dann über auf den durch die Erleuchtung der Religion unterstützten Metaphysiker. Derselbe setzt die Notwendigkeit der Existenz Gottes voraus, entwickelt dieselbe, seine Eigenschaften, weist alle menschlichen Deutungen ab, erkennt von vornherein die Tiefe der göttlichen Weisheit und seine Unwissenheit, statt sich nach unnützem Umherschweifen auf dem Ausgangspunkt wiederzufinden und sich spitzfindigen und frivolen Untersuchungen zu unterziehen. Allen Einwänden setzt er das Dogma entgegen, z. B. dem des Elends der Menschen das Dogma der Erbsünde. Mit einem solchen Metaphysiker kann sich natürlich der Philosoph nicht abgeben, dies überlässt er den Theologen. D'Alembert schreibt dies alles scheinbar in tiefstem Ernste, aber die deutliche Hervorhebung der verfänglichen Stellen, die zu sichere Haltung des Ganzen zeigen den versteckten Spott.

---

¹) Eléments VI. — I., 188: „La preuve de l'existence de Dieu, qui se tire du consentement de tous les peuples, a paru d'une grande force à plusieurs philosophes de l'antiquité.

Jetzt erst wird es ihm wirklich Ernst. Er ist durchaus nicht Atheist, als welcher er neben so vielen berühmten Zeitgenossen hingestellt wird.¹) Alle die Beweise aber, die irgendwie angefochten werden, hält er für ungültig; nur die unanfechtbaren sind wirklich beweiskräftig. Er führt als einen solchen das physiko-theologische Argument an. Man muss die Existenz Gottes in den Phänomenen des Universums, in den bewundernswerten Naturgesetzen suchen, nicht in metaphysischen Sätzen. Die Naturgesetze, so einfach, dass sie sich aus der Existenz der Materie ableiten lassen, enthüllen um so besser eine höchste Intelligenz. ²)

Wir wollen jetzt sehen, wie d'Alembert in den Briefen diese Ansichten weiter entwickelt. Die Grundlage seiner Untersuchungen ist die folgende: Diejenigen, welche eine höchste Intelligenz (dies ist der Ausdruck, dessen sich d'Alembert in dieser Frage hauptsächlich bedient) leugnen, setzen mehr voraus, als sie beweisen können. Der einzige Standpunkt, von dem man in dieser Sache ausgehen kann, ist der Zweifel. ³) Nehmen wir das von der Erfahrung gelieferte Material vor, so drängt sich uns eine Reihe von Fragen auf. Die Hauptfrage darunter ist: Man kann nicht

---

¹) Vergl. z. B. Morin, Essai sur la vie et sur la caractère de J. J. Rousseau pag. 388: „Il ne faut pas oublier que tous les ennemis primitifs de Rousseau: Grimm, Diderot, d'Holbach, Hume et même Voltaire étaient athées décidés."

²) Eléments VI. — I., 191: „Il [le philosophe] cherchera l'existence de Dieu dans les phénomènes de l'univers, dans les lois admirables de la nature, non dans ces lois métaphysiques sujettes aux exceptions, et que chacun peut étendre, modifier et resserer à son gré, mais dans les lois primitives fondées sur les propriétés invariables des corps. Ces lois si simples qu'elles paraissent dériver de l'existence même de la matière, n'en dévoilent que mieux l'intelligence suprême.

³) V., 296. — Brief vom 2. August 1770: „Je pense en particulier, par rapport à l'existence d'une intelligence suprême, que ceux qui la nient, avancent bien plus qu'ils ne peuvent prouver, et qu'il n'y a dans cette matière que le scepticisme de raisonnable."

leugnen, dass sich in der Erfahrungswelt Intelligenz zeigt. „Ist diese Intelligenz mit der Materie eins (uni à la matière) oder verschieden von ihr? Ist sie eins, so ist Gott mit der Materie identisch. Ist sie verschieden, wie hat man dann den Zusammenhang beider zu begreifen?" Daran schliessen sich weitere Fragen über Schöpfung oder nur Anordnung der Welt, über Eigenschaften der Intelligenz u. s. w. Bezüglich der Schöpfung erklärt d'Alembert, diese sei absurd und unmöglich. Damit ist der theologische Begriff von Gott ausgeschlossen: die Materie bedarf keines Schöpfers, sie ist ewig. Die Antwort auf die Hauptfrage lautet: Die Erfahrung lässt uns nicht zweifeln, dass die Intelligenz mit einigen Teilen der Materie verbunden ist, nämlich mit dem Bau des Menschen und der Tiere. Wir haben schon oben d'Alemberts Folgerungen daraus vernommen. Die Erfahrung spricht für die Materialität der Seele. Es fragt sich nun, ob diese Vereinigung der Intelligenz und der Materie sich noch über weitere Gebiete erstreckt, ob jene schliesslich ganz mit dieser zusammenfällt. Wir finden bei den übrigen Körpern kein Denken oder Fühlen, wohl aber eine mehr oder weniger kunstvolle Anordnung (Bau der Pflanzen, Krystalle). Diese kann als Spur einer Intelligenz aufgefasst werden. Aber während bei Mensch und Tier eine fortdauernde Intelligenz sich dokumentiert, finden wir hier ihr Werk fertig, abgeschlossen vor. Intelligenz aber ist etwas lebendiges, thätiges. Wo ist sie geblieben? Hat die Vollendung der Organisation des betreffenden Körpers sie vernichtet, obwohl sie für den Fortschritt und die Vollendung derselben notwendig war? Wer will dieses erklären?

Wenn andererseits die Intelligenz des Menschen eine materielle Basis besitzt, warum lassen wir diese Basis nicht überall zu? Aus ihr würde folgen, dass alle Organisation und Struktur ohne Einmischung einer Intelligenz entstehe, d. i. der Materialismus. Selbst wenn wir diese

Intelligenz zur Bildung und Unterhaltung der Welt zulassen, muss man zugestehen, dass sie weder unendlich weise, noch allmächtig ist. Wenn wir also der Erfahrung nachgehen, sind wir darauf hingewiesen, in der Welt nur einen materiellen, begrenzten und abhängigen Gott anzunehmen.

D'Alembert kommt durch diese Ideenkette zu dem Resultate, dass der Materialismus uns durch die Erfahrung nahe gelegt wird. Er ist nicht ausgesprochener Materialist, denn er tritt mit seiner Ansicht nicht dogmatisch auf, er sagt nicht, es ist so, sondern, es sieht so aus, als ob es so wäre, aber wir wissen nichts darüber.[1])

Sachlich zu demselben Resultat kommt die Erklärung über Gott in den Elementen, die d'Alembert ausgelassen hatte.

Somit haben wir das weite Gebiet der Metaphysik durchwandert. D'Alembert zerlegt es so zu sagen in einen positiven und einen negativen Teil; den ersteren bildet die erkenntnis-theoretische Seite, den zweiten die grossen metaphysischen Probleme. Er schreibt über diesen Teil an Friedrich: "Ein wahrer Philosoph, so scheint mir, darf diese Wissenschaft nur behandeln, um uns aus dem Irrtum zu ziehen (détromper) über das, was sie uns zu lehren glaubt.[2])

§ 5.
Moral.[3])

An die Erörterung der hauptsächlichen metaphysischen Fragen schliesst sich in den Elementen eine Darstellung

---

[1]) Es würde zu weitläufig sein, alle Belegstellen hierher zu setzen, sie finden sich in dem Briefe von d'Alembert an Friedrich vom 30. November 1770. — V., 302.

[2]) V., 253, — Brief vom 17. September 1764.

[3]) Die Moral umfasst den siebenten bis zwölften Abschnitt der Elemente. — I., 207—234.

ethischer Lehren. In derselben tritt jedoch der allgemeine Teil der Ethik gegenüber speciellen Ausführungen zurück.

Moral ist die Lehre von unseren Pflichten gegen unsere Mitmenschen (nos semblables). Wie in der Metaphysik, so schliesst d'Alembert auch in der Moral alle Verbindung dieser mit der Religion aus. In der Correspondenz mit Friedrich äussert er sich sogar dahin, dass es für die Moral ein Unglück sei, dass man sie überall mit der Religion vermische, und dass diese Verbindung ihr viel Unrecht gethan habe.[1]) Die Philosophie muss im Gegenteil die Religion der Moral nützlich zu machen versuchen, indem sie dieselbe mitwirken lässt zum Glücke der Völker.[2])

Die Moral ist ein durchaus wesentlicher, umfangreicher Teil der Philosophie, der vor anderen den grossen Vorzug hat, in ein einziges allgemeines Princip auszulaufen und desshalb auch am meisten überzeugender Beweise fähig ist. Alle moralischen Grundsätze streben dahin, uns das sicherste Mittel an die Hand zu geben, glücklich zu sein, indem sie uns die enge Verbindung unserer wahren Interessen mit der Erfüllung unserer Pflichten zeigen.[3]) D'Alembert nimmt hierdurch Stellung zu den Theorien, welche über das Fundament der Moral existieren. Er acceptiert einen durchaus eudämonistischen Standpunkt, bei welchem aber das Betonen der „wahren Interessen" eine tiefere und manchen ganz modernen utilitaristischen Theorien verwandte Ansicht verräth. Die Betonung des Glückes des Individuums und der Gesammtheit, des Volkes, nähert sich der Auffassung Humes von dem Fundamente der Ethik. Wenn auch einer der wesentlichen Punkte der Humeschen Untersuchungen, nämlich,

---

[1]) V., 276. — Brief vom 28. Januar 1768.
[2]) V., 294. — Brief vom 8. Juni 1770.
[3]) Eléments VII. — I., 208: „Tous ces principes aboutissent à un point commun, ... ils tendent à nous procurer le plus sûr moyen d'être heureux, en nous montrant la liaison intime de notre véritable intérêt avec l'accomplissement de nos devoirs."

ob das Fundament der Moral in der Vernunft oder im Gefühl zu suchen sei, ganz übergangen ist, ja es scheinen könnte, als ob d'Alembert durch das Hervorheben des sicheren Ganges zu einem allgemeinen Princip und der überzeugenden Beweise sich der verstandesmässigen Begründung der Moral zuneigte, so zeigt doch das Betonen des Gefühls des Glückes als des Zieles der Moral, dass die Verwandschaft mit Humes Lehre nicht ganz fern liegt.[1]) Da das Werk: „Inquiry concerning the principles of Morals" zuerst 1751 erschienen ist, so ist anzunehmen, dass d'Alembert, welcher, wie auch in dem ersten Teile schon erwähnt, persönliche Beziehungen zu Hume hatte, dasselbe gekannt hat und dass es bei der Ausführung dieses Teils seines philosophischen Werkes ihm neben Montesquieu's „Esprit des lois" vorgeschwebt hat.

Die Moral beruht auf der Institution der Gesellschaft, in der die Menschen leben. Dieser liegen rein menschliche Motive zu Grunde. Um sich davon zu überzeugen, muss man die Grundsätze derselben beachten, das, was sie uns sein will und die Belohnungen und Strafen, die sie uns verheisst.[2]) Unsere Beziehungen zu den anderen Menschen und unsere Bedürfnisse lehren uns unsere Sinne. Wir erkennen

---

[1]) Vergl. z. B. Inquiry c. th. pr. of Morals: Appendix I, „Concerning moral sentiment" (Hume pag. 479 [citiert nach der Ausgabe von Word, Lock & Co, London.]): „It is requisite a sentiment should here display itself, inorder to give a preference to the usefull above the pernicious tendencies. This sentiment can be no other than a feeling for the happiness of mankind and a resentment of their misery." Vergl. übrigens über Humes Ansichten: G. von Gizycki: Die Ethik David Humes. Breslau 1878.

[2]) Éléments VII. — I., 208: „C'est donc à des motifs purement humains que les sociétés ont dû leur naissance; .... Il suffit, pour s'en convaincre, de faire attention aux maximes qu'elle nous inspire, à l'objet qu'elle nous propose, aux récompenses et aux peines qu'elle nous promet. Vergl. hierzu die schöne Untersuchung von Hume über die Gerechtigkeit (in der Lektion III der Inquiry, pag. 417 ff.) in welcher auch d'Alembert die wesentliche Tugend des Menschen sieht, wie aus den auf den allgemeinen Teil der Moral folgenden specielleren Ausführungen hervorgeht.

hieraus, wie auch aus anderen Stellen (z. B. I., 235) dass d'Alembert die Moral aus der Metaphysik ableitet. Doch kommt er über die Andeutungen dieser Verbindung nicht hinaus. Unsere Sensationen genügen, um uns das physische Übel zu zeigen. Dieses beruht auf dem moralischen Übel, welches ist: „ce qui tend à nuire à la société en troublant le bien-être physique de ses membres." (I., 209). Die Möglichkeit dieser Unterscheidung zwischen dem moralischen und physischen Übel beruht auf der Freiheit des Menschen, sich selbst zu bestimmen, denn wenn der Mensch sich nicht selbst vor Unrecht zurückhalten kann, giebt es kein moralisches Übel. Dieses kann auch der strengste Determinist anerkennen, denn es ist nur gesagt, dass dazu eine Concurrenz der Motive im inneren Menschen nötig ist.

Nachdem d'Alembert so das Fundament zu seiner Moral gelegt hat, geht er zur Einteilung und eingehenderen Besprechung derselben vor. Die Menschheit bildet eigentlich nur eine Familie, aber diese hat sich wegen ihrer allzugrossen Ausdehnung in verschiedene Gesellschaften gespalten, die Staaten genannt werden.[1]) Innerhalb der Staaten giebt es noch festere Bande als die, welche alle Menschen umfassen. Daraus ergiebt sich die Einteilung der Moral:

1) die allgemeine menschliche Moral (m. de l'homme) enthält das, was die Menschen als Mitglieder der grossen menschlichen Gesellschaft einander schuldig sind.

2) die Moral der Gesetzgeber (des législateurs) umfasst das, was die einzelnen Gesellschaften ihren Mitgliedern schuldig sind. (Straf-, Privat-, Kirchen- und Staatsrecht.)

3) die Moral der Staaten (m. des États) enthält die Rechte und Pflichten der Staaten gegen einander (Völkerrecht).

---

[1]) Vergl. Hume: Entwickelung der Gesellschaft aus der Familie. (A. a. O. pag. 421.)

4) die bürgerliche Moral (m. des citoyens) umfasst die Pflichten der Bürger eines Staates gegen einander.¹)
Als fünften Teil kann man die philosophische Moral anfügen. Sie behandelt die Frage, wie wir glücklich werden können.²)
Die allgemeine menschliche Moral gründet sich auf natürliche Gesetze, die zum Teil geschrieben, zum Teil ungeschrieben sind. Die ersteren bilden das Recht und der Verstoss gegen sie ist das Verbrechen. Hier handelt es sich um die ungeschriebenen Gesetze. Ihre Befolgung ist notwendig um die Gesellschaft zu einer blühenden zu machen, ihre Nichtbefolgung ist ein schleichendes Gift. Der Gehorsam gegen diese Gesetze wird von Staats wegen aus dem Grunde nicht verlangt, weil dies einen zu tiefen Eingriff in die persönliche Freiheit bedeuten würde. Die Menschen strafen eine Übertretung derselben selbst durch Verachtung, öffentliche Schande u. dergl. Die Beobachtung der geschriebenen Gesetze nennt man Rechtschaffenheit, die der nicht geschriebenen Tugend. Diese ist um so reiner, je mehr sie von Menschenliebe erfüllt ist. Der Tugend stehen die Leidenschaften gegenüber, sie schmälern dieselbe, weil sie sich auf einen Gegenstand beziehen. Richten sie sich auf ein lobenswertes Objekt, so schaden sie nur durch ihr Übermass; richten sie sich aber auf ein tadelnswertes, so schaden sie ausser dem Übermass noch durch ihr Objekt und werden Laster genannt. Die Moral hat die Aufgabe, die Leidenschaften zu mässigen und die Laster auszurotten. Ausser der individuellen giebt es noch eine sociale Tugend. Ihr Princip ist, den eigenen Überschuss an Wohlbefinden (bienêtre) an Mangelleidende abzugeben. Es ist abzuleiten aus der aufgeklärten Selbstliebe, welche uns zeigt, dass der Seelenfrieden und die Zuneigung anderer Menschen höher zu

---

¹) Über diese Einteilung vergleiche man das XXVI. Buch des Esprit des lois, besonders Chap. I.
²) Eléments VIII. — I., 211.

schätzen sind als alle äusseren Güter. Die Ausübung dieser socialen Tugend nennt man Uneigennützigkeit (désintéressement). D'Alembert baut auf diese, auf das moralische Opfer eine Theorie, wie die Güter auf alle Menschen gleich zu verteilen wären. Es würde zu weit führen, weiter darauf einzugehen.[1])

Die Moral der Gesetzgeber behandelt in einem allgemeinen Teile, was jeder Staat seinen Bürgern schuldig ist, in einem speciellen die besonderen Einrichtungen der einzelnen Staaten. Jeder Staat muss seinen Bürgern Erhaltung des Eigentums und Ruhe garantieren, ausserdem muss Gleichheit aller vor dem Gesetze bestehen. Das von den Staaten zu diesen Zwecken eingeführte Recht zerfällt in Straf- und Privatrecht. Die Strafe ist eine Art Opfer, das die Gesellschaft um ihrer Ruhe willen bringt. Sie ist nach der Art des Vergehens verschieden; aber sie soll demselben analog sein. Vergehen gegen Leib und Leben sollen durch Strafe an Leib und Leben geahndet werden und so fort.[2]) Das Mass der Strafe soll proportional dem Schaden sein, der der Gesellschaft zugefügt ist. Das Privatrecht gehört in den speciellen Teil. Wie der der Gesellschaft zugefügte Schaden bestraft wird, so sollte der ihr gebrachte Nutzen belohnt werden.

Die Religion, besser gesagt, die Kirche, mit ihren Vorschriften, Belohnungen und Strafen ist das Complement der Gesetze. Wie verhalten sich Staat und Kirche zu einander? Vor allem muss der Staat gegen alle Religionen, die in ihm vorkommen, tolerant sein, er darf keine bevorzugen, da dies zu Streit führen würde. Daraus geht hervor, dass der Staat über der Kirche zu stehen hat. Wenn aber jeder Bürger in religiösen Dingen denken darf, was er will, darf

---

[1]) Éléments VIII. — I., 208—217.
[2]) Vergl. Montesquieu Esprit des lois XII., Chap. IV., wo ähnliche Gedanken ausgesprochen sind. In der Einteilung der Verbrecherstrafen ist aber d'Alembert ganz selbstständig.

er dann nicht auch schreiben, was er denkt? Diese für die damalige Zeit wichtige Frage beantwortet d'Alembert dahin: es wäre Wahnsinn, die Religion bekämpfen zu wollen, wenn sie wahr ist, und wenig wertvoll, wenn sie falsch ist. In Gedanken hinzuzufügen: dann stürzt sie mit der Zeit von selbst.

Der specielle Teil der Moral der Gesetzgeber umfasst die Staatseinrichtungen, welche in den verschiedenen Staaten verschieden sein können. Hauptsächlich ist dies der Fall in der Verfassung. D'Alembert bringt hier die bekannte Einteilung derselben in Demokratie, Aristokratie und Monarchie und führt dies weiter aus.[1])

Der dritte Teil der Moral umfasst das Völkerrecht, die Moral der Staaten gegen einander. Diese sollte der der einzelnen Staatsmitglieder analog sein. Da aber über den Staaten keine höhere Instanz wacht, so ist zum Unglück für die Menschheit die Staatsmoral in der Praxis noch kürzer als in der Theorie.[2])

Der vierte Teil enthält die Moral der Bürger. Es ist diese als specieller Punkt des ersten Abschnitts anzusehen. Jeder Bürger ist seinem Vaterlande für drei Dinge verantwortlich, für sein Leben, seine Talente und die Art, wie er sie anwendet. Das bedeutet, er darf sich das Leben nicht nehmen, und es wäre undankbar auszuwandern. Er hat seine Talente zum Nutzen und nicht zum Schaden des Staats anzuwenden. D'Alembert untersucht dabei die zu seiner Zeit lebhaft diskutierte Frage, ob die Beschäftigung mit den Wissenschaften dem Staate schadet.[3])

Wir kommen endlich zur Moral des Philosophen. Sie fragt, wie können wir unabhängig von anderen Menschen glücklich werden? D'Alembert zeigt am Beispiel des Ehrgeizes, des Neides, der Eifersucht, der Liebe, dass das

---

[1]) Éléments IX. — I., 217—226.
[2]) Éléments X. — I., 226.
[3]) Éléments XI. — I, 226—231

Unglück auf dem Übermass beruht. Er kommt zu dem entschieden zu weit gehenden, pessimistischen Resultate, dass wir fast in allen Fällen auf unsere Vergnügen verzichten müssen, um die ihm folgenden Übel zu vermeiden. Diesen Teil der Moral betrachtet d'Alembert als den wesentlichsten, ihm müssen alle Menschen zustreben.[1]

Aus der ganzen Anlage der Moraltheorie erkennen wir eingehende Studien und manche interessante Gesichtspunkte. Mit ihr schliesst d'Alembert den ersten Teil seiner Elemente.

§ 6.

Grammatik.[2]

Der Logik, Metaphysik und Moral, welche den ersten Teil bilden, fügt d'Alembert anhangsweise noch einen Grammatik betitelten Abschnitt hinzu.

In demselben geht er zunächst auf den Zusammenhang zwischen den bisher behandelten Teilen der Philosophie, der Logik, Metaphysik und Moral und deren Entwickelung aus einander ein. Die wichtigste Frage dabei ist, welcher von den dreien die erste Stelle in einer Anordnung zu geben sei. Die Moral ist daher von vornherein auszuschliessen, da sie die ihr zu Grunde liegenden Vorstellungen, wie die Metaphysik gezeigt hat (Beispiel war die Vorstellung des Ungerechten), aus dieser ableitet. Es würde nun nicht richtig sein, die Metaphysik an den Anfang zu stellen, obwohl ihr Zweck ist, die Entstehung (génération) unserer Sensationen zu zeigen, weil dazu Logik, (allgemein definiert als Kunst, die Ideen zu vergleichen) erforderlich ist. Ebenso wenig aber kann man mit der Logik beginnen, weil wir keine Ideen vergleichen können, deren Entstehung uns unbekannt ist. Um diesem „cercle

---

[1] Éléments XII. — I. 231—234.
[2] Éléments XIII. — I., 238—260.

vicieux" zu entgehen, betrachtet d'Alembert den Gang unserers Geistes bei der Analyse der Wahrnehmungen und findet daraus folgende Lösung: Am Anfange steht eine natürliche, kunstlose, gleichsam instinctive Logik, man könnte sie als den gesunden Menschenverstand bezeichnen. Dieser Logik bedient sich die Metaphysik, um ihre Fragen nach der Entwickelung der Vorstellungen zu bearbeiten. Sie findet hierbei die Grundvorstellung der Moral. Die vorgeschrittene Entwickelung der Vorstellungen erlaubt eine kunstgemässe Vergleichung derselben und ermöglicht so die eigentliche, philosophische Logik.

Untrennbar von Logik und Metaphysik findet d'Alembert noch als dritte Disciplin: die Grammatik: Kunst der Sprache. Einerseits steht die Grammatik mit der Metaphysik in Verbindung, insofern sich das Gebiet der Worte mit dem Kreise der Vorstellungen erweitert, andererseits mit der Logik, insofern die Richtigkeit von Urteil und Schluss von dem richtigen Gebrauche der Worte abhängt.

Der Philosoph hat nach d'Alembert ein dem in der Metaphysik durch Analyse der Wahrnehmungen gefundenen Schema der Vorstellungen entsprechendes System der Worte aufzustellen. Er betont als wesentliche Punkte bei den Untersuchungen hierher die Fragen, wie ein Wort mehrere Bedeutungen haben kann (sens propre, figuré) und wie eine Sprache mehrere Worte von demselben oder einem nur wenig verschiedenen Sinne haben kann (Synonymes). Den Besitz von Worten erster Art nennt d'Alembert einen Mangel, den von solchen der zweiten Art einen Reichtum der Sprache. — Ferner hat die Grammatik sich mit dem Satze, als dem Ausdruck des Urteils zu befassen.

D'Alembert fügt diesem Abschnitte zwei lange Digressionen an, die eine über eigentlichen und metaphorischen Sinn der Worte, die andere über die Inversion der Worte eines Satzes. Die Wiedergabe der ersten Untersuchung ist, da sie sich naturgemäss auf französische Worte bezieht, für eine deutsche Abhandlung ohne Wert. Die zweite Frage führt zu weit aus dem philosophischen in das litterarische Gebiet hinüber: daher wird man ein Übergehen dieser Fragen gerechtfertigt finden.

Fragen wir uns jetzt, wie d'Alembert überhaupt darauf kommt, in einem philosophischen Werke grammatische Fragen zu bearbeiten, so ist, wenn wir davon absehen, dass schon in der encyclopädischen Tafel von Bacon Logik und Grammatik nahe bei einander stehen, als der eigentliche Anstoss das dritte Buch von Locke's „Essay concerning human understanding" anzusehen. Aber auch in diesem Punkte hat d'Alembert einen Vorläufer in Condillac, welcher in seinem „Essai sur l'origine des connoissances humaines" der Sprache den grösseren Raum zukommen lässt und ähnliche Untersuchungen anstellt wie d'Alembert.

§ 7.

Mathematik. [1])

Wir haben uns bis jetzt durchaus in den Bahnen bewegt, welche die Philosophie durch den Einfluss Lockes in Frankreich eingeschlagen hat. D'Alemberts Ansichten entbehren darin eigentlich der Individualität; jeder Satz des bisher besprochenen Teils hätte auch von anderen Zeitgenossen geschrieben werden können. Dem Umstande, dass d'Alembert nicht ganz in litterarischen Interessen aufging, dass er sich neben dieser Thätigkeit noch einer ernsten wissenschaftlichen Arbeit auf dem Gebiete der Mathematik und theoretischen Physik befleissigte, haben wir es zu verdanken, dass seine Philosophie eine neue, originelle Wendung nimmt. Sie zieht nämlich die Mathematik und die

---

[1]) Der **Mathematik** überschriebene Abschnitt XIV der Elemente enthält die Einleitung und das speciellere über die Algebra. I., 260—263. — Erklärung § XI. pag. 263—267.

Naturwissenschaften als integrierende Bestandteile in ihr
Gebiet hinein. Damiron, welcher d'Alemberts Philosophie
überhaupt Wahrheit, Fruchtbarkeit, Grösse und Originalität
abspricht,[1]) sagt über den in Rede stehenden Teil: „Man
begreift, dass ich ihm [d'Alembert] in diese verschiedenen
Zweige des menschlichen Wissens nicht zu folgen brauche,
welche genau genommen (proprement) nicht mehr zum Bereich
der Philosophie gehören, denn sie haben nicht den
Geist, sondern die Materie zum Gegenstand; ich würde überdies
hier ein wenig competenter Richter sein."[2]) Damiron
hat sich doch entschieden hier die Sache zu leicht gemacht.
Wenn er einmal d'Alembert einer so eingehenden Besprechung
würdigte, wie er es gethan hat, so hätte er mindestens,
wenn ihm die Aufnahme dieser Gebiete von seinem
philosophischen Standpunkte aus unzulässig erschien, eine
begründete Ablehnung geben müssen. Um so mehr als zu
der Zeit, wo seine Arbeit erschien (1858), die positive Philosophie
Auguste Comtes ihm wenigstens bekannt sein musste.
Auch andere Bearbeiter d'Alemberts haben gerade auf diese
Seite wenig Wert gelegt.

Neben Gott und dem Menschen ist das dritte grosse
Hauptgebiet der Philosophie die Natur. Sie ist zugleich das
umfangreichste Gebiet und dasjenige, auf welchem wir am
meisten Klarheit erreichen können, obwohl uns ihre ersten
Principien verborgen sind. Das Studium der Natur ist das
der Eigenschaften der Körper. Die principiellste Eigenschaft
der Körper ist die Ausdehnung. Wollen wir also systematisch
die ganze Natur durchlaufen, so müssen wir hier beginnen.
Mit der Ausdehnung der Körper beschäftigt sich
die Mathematik, specieller die Geometrie. Ihr ist noch die
Algebra voran zu schicken: „das Instrument der Entdekkungen,
die wir über die Grösse machen können." Die
Gründe für diese ausgezeichnete Stellung der Algebra an

---

[1]) Mémoires II., 142.
[2]) A. a. O., pag. 87.

den Anfang sind: sie ist das Hülfsmittel, ohne das die Geometrie und die anderen Wissenschaften unmöglich wären, und es sind die Kenntnisse in diesem Teile der Mathematik die allersichersten.

§ 8.
Algebra.

Die erste Aufgabe für den Philosophen ist es, eine klare Definition dieser Wissenschaft zu geben. D'Alembert macht darauf aufmerksam, dass dies noch nicht in abschliessender Weise geschehen sei. Als beste Definition erscheint ihm die Newtons: „verallgemeinerte Arithmetik (arithmétique universelle)." Er zweifelt sogar, ob es möglich ist, jemandem einen klaren Begriff der Algebra zu verschaffen, der in sie ganz uneingeweiht ist.

Eine zweite Aufgabe ist es, die der algebraischen Rechnung zu Grunde liegenden Principien und Axiome zu untersuchen. Diese sind von zweierlei Art. Die einen sind abhängig von der Natur der Zeichen, von dem gewählten Zahlensystem und werden arithmetische Regeln oder Rechnungsarten genannt. Die anderen, für alle Grössen geltenden, sind die algebraischen Axiome. Diese sind nichts weiter als allgemeine Beziehungen unter den Grössen, die lediglich durch ihre Natur und die der Rechnungsarten bedingt sind, von dem angewendeten Zahlensystem aber ganz unabhängig sind.

Drittens hat sich der Philosoph in der Algebra mit den Begriffen zu beschäftigen, die in derselben eine Rolle spielen. D'Alembert führt hier nur die negativen und die incommensurablen Grössen an. An anderer Stelle bringt er eine Erörterung über den wichtigen Begriff des Unendlichen. Er ist entstanden durch Abstraktion von jeder Grenze und wäre besser als Begriff des Unbestimmten (indéfini im Gegensatz zu infini) bezeichnet, eine Ansicht, die ganz der

Kantischen entspricht. Der Mathematiker bedarf auch des
Begriffes des Unendlichen nur als Grenzwert für das Endliche; die Fragen also, ob Raum und Zeit in Wirklichkeit
unendlich sind und ob die Materie ins unendliche teilbar ist,
sind für ihn ohne Belang. Dass er wirklich von jedem realen Inhalt abstrahiert, sieht man schon daraus, dass er Unendlichkeiten höherer Ordnung bildet, ohne sich auf die
Frage einzulassen, was man sich darunter zu denken habe.

Ein Begriff, den d'Alembert noch hätte kurz behandeln
können, ist der des Imaginären. Leider nimmt er in vielen
Fällen zu viel Rücksicht auf der Mathematik unkundige
Leser; daher erhalten wir viele Punkte nur oberflächlich,
wo ein tieferes Eingehen auf die Sache uns noch manchen schätzenswerten Aufschluss über seine Ansichten gegeben hätte.

Endlich ist es noch eine Aufgabe für den Philosophen,
Betrachtungen darüber anzustellen, wie die Finder neuer
Wege, neuer, wichtiger Erkenntnisse, auf Grund der ihnen
gegebenen Thatsachen zu diesen Resultaten gelangt sind.
Das Wesen dieser Gedankengänge nennt d'Alembert die
Metaphysik der Algebra. Es ist die Art des algebraischen
Denkens, welche die grossen Genies besitzen, während der
gewöhnliche Mensch sich mechanisch der Regeln bedient.

§ 9.

Geometrie. [1])

Die Geometrie ist die Wissenschaft von den Eigenschaften der Ausdehnung, insoweit man sie nur als ausgedehnt und gestaltet betrachtet. War die Algebra rein die
Lehre von den Grössen, ganz abgesehen von aller näheren
Bestimmung derselben, so beschäftigt sich die Geometrie

---

[1]) Éléments XV. — I., 266—277. Erklärungen § XII.—XV.
pag. 277 bis 299.

mit einer bestimmten Art von Grössen, mit den Linien, Flächen und Körpern. Dadurch ist der Zusammenhang mit der Algebra und der Fortschritt von jener aus gegeben. D'Alembert erörtert ausführlich, wie wesentlich die Anwendung der Algebra in der Geometrie ist; die höhere Curventheorie ist ohne jene ganz unmöglich.

Auch in der Geometrie ist ein wesentlicher Punkt, an dem die philosophische Behandlung einzugreifen hat, die Definition. Ohne klare Definitionen schwebt das ganze Gebäude der Mathematik in der Luft. Und wenn man der Sache auf den Grund geht, so zeigt sich selbst in den einfachsten und bekanntesten Dingen noch eine grosse Unklarheit. Wir besitzen z. B. keine korrekte Definition der geraden Linie. Die gebräuchliche: „Die gerade Linie ist die kürzeste Verbindung zweier Punkte" enthält eine Folge der eigentlichen Definition, denn Verbindung ist kein wesentliches Merkmal einer geraden Linie. Ebenso wenig ist die andere Definition berechtigt: „Die gerade Linie ist diejenige Linie, deren sämtliche Punkte in derselben Richtung liegen." Denn alle Richtung setzt die gerade Linie voraus und die Definition enthält einen Zirkel. Ähnlich behandelt d'Alembert die Definitionen der Ebene, des Winkels, der Parallelen, er untersucht, inwiefern wir berechtigt sind, den Inhalt eines Parallelogramms als das Produkt von Seite und Höhe hinzustellen, d. i. als das Produkt zweier benannter Zahlen.

Wir können aus dem Angeführten entnehmen, was d'Alembert unter philosophischer Behandlung der Mathematik versteht. Er drängt auf klare, deutliche, unantastbare Resultate hin, auf ein sicheres Wissen, auf Verbannung aller unbewiesenen Hypothesen. Alles in den Wissenschaften vorkommende soll auf seinen Wissenswert geprüft werden.

Was die Ausgangspunkte der Geometrie betrifft, so treten wir hier schon etwas mehr aus den reinen Gedankengebilden in die wirkliche Welt. Wir müssen daher hier ein Princip haben, das uns gestattet, die Ausdehnung zu fassen. Dies ist das Messen und zwar das Messen der Linien durch Superposition und der Winkel durch Kreisbögen, welche ihrerseits wieder durch Superposition gemessen werden. Man ist nicht genötigt, diese Superposition immer auszuführen, sie ist nur das Princip, das aller Geometrie zu Grunde liegt (I., 149), besser gesagt, die Handlung, welche sie erst möglich macht.

Ein weiteres Gebiet, welches der philosophischen Betrachtung unterliegt und welches in der Algebra noch nicht vertreten war, sind die Beweise. Bei ihnen ist zu untersuchen, was wir direkt wissen und was erschlossen werden muss durch das direkte und das indirekte Verfahren.

Gleichsam als Anhang an die rein mathematischen Abschnitte folgt dann noch eine Erklärung über den Gebrauch und Missbrauch der Metaphysik in der Mathematik. Über den Gebrauch haben wir im Vorhergehenden gesprochen. Missbrauch wäre es, über die Natur der Ausdehnung, über die Existenz des mathematischen Punktes, über die Natur der geraden Linie zu streiten. Man soll auch nicht metaphysische Erörterungen in denjenigen Dingen anstellen, wo Messen und Rechnen in schnellerer und klarerer Weise uns zum Ziele führen.

§ 10.

Mechanik.[1)]

Ausgerüstet mit Algebra und Geometrie können wir mit Erfolg die Mechanik beginnen. Wieder betont d'Alembert, dass wir ausser den Hülfsmitteln, die uns aus unseren einfachsten und sichersten Kenntnissen, den mathematischen,

---

[1)] Eléments XVI. — I., 299—315. Erklärung § XVI. — I. 315 - 317. Discours, pag. 30 f. Es ist zu bedauern, dass d'Alembert diesen so wichtigen Abschnitt nicht für die Elemente der Philosophie besonders

erwachsen, auf die klarste und einfachste Weise den besonderen, zu dem Behandelten hinzutretenden Gegenstand der neuen Wissenschaft aufzufassen haben, dass wir nichts voraussetzen, nichts bei ihm zulassen dürfen, als die Eigenschaften, welche die zu behandelnde Wissenschaft voraussetzt. Und besonders hat man hierauf bei den drei bisher erwähnten Wissenschaften zu achten, da sie die Basis aller übrigen bilden. Die Mechanik bedarf nach dieser Richtung hin noch einer bedeutenden Umgestaltung. Die Vielheit und Dunkelheit ihrer Principien muss beseitigt werden, ihr Umfang eingeschränkt.

Die Mechanik ist die Lehre von der Bewegung, sie setzt die Existenz derselben voraus, als eine allgemein anerkannte Erfahrungsthatsache und zusammen gehörend mit ihr Raum und Zeit, so wie alle Menschen diese beiden sich vorstellen. Alle Speculationen, die die Philosophie über die wahre Natur der Bewegung, des Raumes und der Zeit angestellt haben, haben zu keinem Resultate geführt, aus dem die Mechanik Nutzen ziehen könnte, sie sind demnach bei Seite zu lassen. Sicher ist, dass Körper und Raum nicht identisch sind, wie Descartes meinte, fraglich ob der Raum etwas reales ist.[1]) Den Begriff der Zeit erhalten wir nur durch die Succession unserer Vorstellungen, trotzdem müssen wir, da es unabhängig von uns Bewegungen giebt, diese aber durch die Zeit gemessen werden, auch die Zeit als real annehmen.

---

bearbeitet hat. Er ist fast wörtlich aus der Einleitung zu seinem 1743 erschienenen „Traité de Dynamique" herüber genommen. Infolgedessen haben Einzelheiten aus der Mechanischen Wissenschaft eine unnütze Breite erhalten, während das Wesentliche verhältnismässig wenig bedacht ist. Immerhin ist es interessant zu beobachten, wie d'Alembert seine philosophischen Ansichten auch in die specialwissenschaftlichen Werke hineinträgt.

[1]) Vergl. über diese Polemik gegen Descartes, die d'Alembert nur andeutet Voltaires ausführliche Zurückweisung in den „Eléments de la philosophie de Newton." Troisième Partie: Chap. I. II.

Der Meinung d'Alemberts, dass Raum und Zeit, abgesehen von unserer Sinnlichkeit noch eine reelle Existenz haben, liegt die Lehre Newtons vom absoluten Raum und der absoluten Zeit zu Grunde, welche dieser in dem ersten Buche der „Mathematischen Principien der Philosophie der Natur" [1]) ausspricht. Während aber Newton die Unterscheidung der absoluten und relativen Grössen für notwendig hält, und es als ein Vorurteil bezeichnet, sie als nur den Sinnen angehörend zu betrachten, sagt d'Alembert über den Wert der Frage der unabhängigen Existenz von Raum und Zeit in der Mechanik: „Cette science ne suppose autre chose que les notions naturelles de l'espace et du temps, telles qu'elles sont dans tous les hommes" (I., 316) und verwirft Discussionen über diese Fragen „als der Mechanik absolut fremd und unnütz."

Der Fortschritt von der Geometrie zur Mechanik ist der, dass, während die erstere das Ausgedehnte, die Ausdehnung an sich betrachtete, die letztere die Ausdehnung als erfüllt ansieht.[2]) Die Eigenschaft der Undurchdringlichkeit, d. i. die Unmöglichkeit, dass ein und derselbe Raumteil mehr als einen gleich grossen Stoffteil in sich fasst, constituirt also die Wissenschaft der Mechanik, durch sie treten wir ein in das Gebiet der physischen Körper. Die Undurchdringlichkeit allein würde aber nur ein Nebeneinander des Stofflichen verursachen, mit ihr ist untrennbar verbunden die Bewegung der Körper [und ihrer Elemente] zueinander und voneinander, die Eigenschaft, welche wir als Folge der Attractions- und Repulsionskräfte bezeichnen, Ausdrücke, die d'Alembert allerdings in der Untersuchung der Gravitationstheorie als unbegründet zurückweist. In ihnen haben wir eine Reihe von Ursachen der Bewegung zu suchen; dieselben sind uns aber durchweg nur durch ihre

---

[1]) N. Ph. Pr. M. 2. Ausgabe. Amsterdam 1714. pag. 5 ff.

[2]) Die gesamte folgende Theorie d'Alemberts hat die Definitionen und Axiome der Newtonschen Principien zur Grundlage.

Wirkungen bekannt, über ihre eigentliche Natur wissen wir garnichts. Eine zweite Reihe von Ursachen der Bewegung beruht auf dem Stosse und anderen dahin gehörigen Erscheinungen. Wir können also kurz sagen, die Bewegung ist die Erscheinung der Wirkungen der Körper aufeinander. Die Thatsache, dass wir die Ursachen derselben nicht kennen, darf uns nicht abschrecken, diese selbst zu betrachten.

Betrachten wir die Bewegung rein an sich, so finden wir als das einfachste Gesetz, das ein Körper in der Bewegung befolgen kann, das der Gleichförmigkeit. Der strenge Beweis dieses Gesetzes ist zwar mit Schwierigkeit verknüpft, aber die Erfahrung tritt für dasselbe ein. Das Gesetz kann so ausgesprochen werden: Der sich bewegende Körper durchläuft in gleichen Zeiten gleiche Räume. Da nun die Geometrie uns gleiche Räume liefert, können wir mittelst der gleichförmigen Bewegung die Zeit messen; und nachdem wir ein für allemal eine Zeitmessung eingeführt haben, sind wir imstande umgekehrt mittelst dieser und der Raummessung die verschiedenen vorkommenden Bewegungen mit einander zu vergleichen. Dies geschieht durch Angabe der Verhältniszahlen zwischen den durchlaufenen Räumen und den dazu gebrauchten Zeiten. Die Zahlen bezeichnen wir dann als Geschwindigkeiten.

Die Bewegung lehrt uns eine wichtige Thatsache. Wenn keinerlei Ursache auf dieselbe einwirkt, weder eine treibende noch eine hemmende, so bleibt die Bewegung bestehen, so lange dieser Zustand unverändert ist. Diese Thatsache, die wir der Erfahrung entnehmen, nennen wir das Gesetz der Trägheit (force d'inertie). Dasselbe, vereint mit dem Princip der Zusammensetzung der Bewegungen und dem des Gleichgewichts bildet die notwendige Grundlage der Mechanik. D'Alembert stellt hier als Principien die wesentlichsten der Sätze auf, welche Newton als Axiome dem ersten Buche vorausschickte. Das Gesetz der Trägheit ist das Axiom I., das zweite der ebengenannten Principien ergiebt sich aus dem dritten Axiome Newtons von der Gleichheit von actio und reactio und steht bei Newton als Corollarium I. Das dritte Princip, das des Gleichgewichts findet sich bei Newton noch nicht, es ist das von d'Alembert selbst eingeführte, unter seinem Namen gehende Princip. Alle weiteren Principien müssen sich auf diese zurückführen lassen, und sie selbst müssen sich rein und klar aus der blossen Betrachtung der Bewegung ergeben. Alle Speculationen über bewegende Ursachen, dem Körper während der Bewegung anhaftende Kräfte sind zu verbannen. Interessant ist es, dass d'Alembert die lebendige Kraft (force vive), welche in der heutigen Mechanik eine so grosse Rolle spielt, als einen unklaren und unbestimmten Begriff daraus verwirft. Die nähere Besprechung des d'Alembert'schen Princips, welches die Reduktion der Bewegung der Körper auf die Gesetze des Gleichgewichts bewirkt, übergehen wir hier, da dasselbe in der speciellen Mechanik seine Stelle findet.

Anknüpfend an die Erörterung der drei mechanischen Grundprincipien bespricht d'Alembert das metaphysische Preisproblem, ob die Gesetze der Bewegung und des Gleichgewichts der Körper von notwendiger oder zufälliger Wahrheit sind. Er führt die Frage darauf zurück, ob die Gesetze, die wir in der Natur beobachten, verschieden sind, von denen, die die Materie sich selbst überlassen befolgen müsse. Die letzteren finden wir durch Rechnung (raisonnement) aus den Elementarprincipien der Mechanik, die ersteren ergeben Beobachtung und Experiment. Und das Resultat dieser Frage ist, da die beiden Ergebnisse, die auf den beiden Wegen gefunden sind, übereinstimmen, so sind die Gesetze von notwendiger Wahrheit. Von der Frage, ob der Schöpfer des Universums die Gesetze hätte so oder anders einrichten können, abstrahiert d'Alembert gänzlich.

Obwohl die von d'Alembert gegebene Lösung seiner Zeit viel Aufsehen erregt hat, ist sie doch nicht zwingend, da, wie wir oben gesehen haben, die ganze Mechanik auf Beobachtungsthatsachen aufgebaut ist, also auch die Grundlagen der Rechnung aus ihr stammen.

Am Schlusse des Abschnitts geht d'Alembert noch etwas näher auf das Problem der Schwere ein, und zwar in einer Weise, die uns die Art seiner Untersuchungen deutlich zeigt. Er schliesst nicht auf besondere Kräfte innerhalb der Erde, sondern er giebt offen zu, dass wir weder wissen, wie die Kraft beschaffen ist, welche die Bewegung hervorbringt, noch wie wir uns eine Wirkung derselben vorzustellen haben.

§ 11.

Astronomie. [1]

Auf die Mechanik lässt d'Alembert die Astronomie folgen, als den Teil der Physik, in dem unsere Kenntnisse die gesichertsten sind. Diese Stellung geht aus dem Umstande hervor, dass, während die Mechanik die allgemeine Lehre von den Bewegungen der Körper ist, die Astronomie bestimmte Bewegungen bestimmter Körper ins Auge fasst. Am Anfange des Abschnitts giebt er einen ganz kurzen Überblick, wie die astronomischen Kenntnisse sich entwickelt haben. Er zeigt am Beispiel der Planetenbewegung, wie man von den einfachsten Hypothesen ausging, um Licht in die Erscheinungen zu bringen, wie man in dem Masse wie die Erscheinungen besser erkannt wurden, diese Hypothesen berichtigte und wie man allmählich dahin gekommen ist, die Astronomie bis zu der damaligen Vollkommenheit zu bringen.

D'Alembert teilt das gesamte Gebiet der Astronomie ein in Astronomie im eigentlichen Sinne d. i. Kenntnis der Erscheinungen des Himmels und in physikalische Astronomie,

---

[1] Éléments XVII., - I., 317—329.

die sich mit der Erklärung dieser Erscheinungen beschäftigt. Während er das erste Gebiet nur anführt, behandelt er das zweite sehr eingehend und zwar nicht in specialwissenschaftlichem Sinne, sondern gerade in der Art, die er als philosophisch bezeichnet.

Der Inhalt der astronomischen Physik ist gebildet durch die Newtonsche Gravitationstheorie. Alle früheren Lehren über die Bewegung der Gestirne sind zu verwerfen. Die bedeutendste derselben war die Descartes'sche Wirbeltheorie, die zwar im allgemeinen den Erscheinungen conform ist, aber einer schärferen Prüfung nicht standhält.

Dagegen bestätigen die Erscheinungen durchaus die Gravitationstheorie. Setzt man voraus, dass die Planeten sich im leeren Raum oder wenigstens in einem Medium bewegen, das der Bewegung keinen Widerstand entgegensetzt, und sind ihre Wirkungen aufeinander bekannt, so ist es ein rein mathematisches Problem, die Erscheinungen, die aus diesen Bedingungen entspringen, zu bestimmen. Die Erfahrung hat diese Vorausbestimmungen bestätigt und dadurch der Theorie ihre Berechtigung zugestanden.

D'Alembert führt sodann Beweise für die Theorie an, Ebbe und Flut, die Störungen des Saturnlaufes, welche bald nach seinem Tode zur Auffindung des Uranus führten. Er zeigt durch diese Einzelheiten den Grad der Sicherheit, die bis dahin in den einzelnen Gebieten des Systems der Anziehung erreicht sind. Am wenigsten freundlich steht er der Übertragung der Gravitationstheorie auf irdische Erscheinungen gegenüber. Wir sollen uns vor unzeitiger Verallgemeinerung unserer Theorien hüten, speciell die vorliegende sei noch auf kein bekanntes mechanisches Gesetz zurückgeführt. Es ist noch viel zu schwierig, zu begreifen, wie zwei Körper durch einen leeren Raum auf einander wirken, zumal da diese Wirkung nicht auf alle Entfernungen die gleiche ist, sondern mit dem Quadrat derselben abnimmt. Es ist leicht gesagt, die Gravitation ist ein Grundprincip der Körper, eine wesentliche Eigenschaft derselben. Wir dürfen nur sagen, dass sie ein allgemeines Princip der Bewegung ist. Er sagt: „wir begreifen einen Körper als ausgedehnt, undurchdringlich, teilbar und beweglich, aber wir begreifen nicht notwendigerweise, dass er auf einen anderen Körper wirkt."

D'Alembert ist nicht der erste und einzige philosophische Mathematiker, der die Tragweite der Gravitationstheorie richtig erkennt. Schon Newton spricht sich in seinen Principien ganz vorsichtig über die Ursache der Gravitation aus. Er erwähnt z. B. am Schlusse des dritten Buches[1]) eine geistige Substanz, welche Teilchen durchdringt und ihre Anziehung hervorruft, restringiert diese Meinung aber gleich durch die Schlussworte: „Sed haec paucis exponi non possunt; neque adest sufficiens copia Experimentorum, quibus leges actionum huius Spiritus accurate determinari et monstrari debent." Auch Voltaire wendet sich in seiner „Défense du Newtonianisme" vom Jahre 1739 gegen manche Kritiker von Newtons Theorien, welche unerwiesene Systeme und vage Hypothesen zur Stütze derselben entwarfen. Er sagt: „Jamais il n'a fait d'hypothese pour expliquer la cause de l'attraction et de celle de la lumière; — — — Qu'on s'en tienne l'a, et qu'on n'imagine pas pouvoir faire par un roman, ce que Newton n'a pu faire par ses mathématiques."
— — — Zwar etwas übertrieben, wie wir durch den Vergleich mit der eben citierten Newtonschen Stelle erkennen, aber im Grunde genommen sehr treffend.

Die Frage, wie eine actio in distans möglich sei, welche d'Alembert für vorläufig unbeantwortbar hält, ist schon im Anfange des achtzehnten Jahrhunderts in dem

---

[1]) Newton, Philosophiae naturalis Principia mathematica. 2. Ausgabe. Amsterdam 1714, pag 484.

bekannten naturphilosophischen Disput von Leibniz und Clarke behandelt worden. Ganz beiläufig, bei der Erörterung, was ein Wunder sei, führt Leibniz[1]) an, es sei übernatürlich, dass die Körper sich von ferne, ohne ein Medium anziehen und dass ein Körper eine Kreisbahn beschreibe, obwohl nichts ihn hindere, sich in der Tangente zu entfernen. Als Begründung fügt er hinzu: „**Car ces effets ne sont point explicables par les natures des choses.**"

Clarke dagegen sagt[2]), eine actio in distans ohne übertragendes Medium sei nicht ein Wunder, etwas übernatürliches, sondern ein Widerspruch. Er will die actio in distans als natürlich begreifen als durch ein „**moyen invisible et intangible et d'une nature différente du Mécanisme**" hervorgerufen. Alles in gesetzmässiger Ordnung verlaufende ist natürlich.

In seiner Antwort[3]) hält Leibniz das „moyen" für eine Fiction ohne Begründung, ohne Beispiel; auch nennt er **natürlich** nicht was regelmässig vor sich geht, sondern was aus der Natur des Körpers folgt.

Hiermit ist Clarke nicht einverstanden. Er sagt[4]): „**Il est sans doute vrai, que ce phénomène n'est pas produit sans moyen, c'est-à dire sans une cause capable de produire un tel effet. Les philosophes [d'Alembert würde sagen: les métaphysiciens] peuvent donc rechercher cette cause, et tâcher de la découvrir, si cela leur est possible, soit qu'elle soit mécanique ou non mécanique. Mais s'ils ne peuvent pas découvrir cette cause, s'ensuit-il que l'effet même, ou le Phénomène dé-**

---

[1]) Opera philos. II. Éd. Erdmann. Berlin 1840, pag. 753, § 45.
[2]) A. a. O. — pag. 762, § 45.
[3]) A. a. O. — pag. 717, „surle § 45."
[4]) A. a. O. — pag. 787, §§ 118—123.

couvert par l'expérience.... soit moins certain et moins incontestable? —"

Wir haben diesen Disput zwischen Leibniz und Clarke hier etwas ausführlicher erwähnt, weil er ein vorzügliches Beispiel für die verschiedene Behandlungsweise bietet, mit der ein Metaphysiker und andererseits ein mathematischer Philosoph ein und dasselbe Problem angreifen. Ob d'Alembert, wenn er derartige Streitereien als überflüssig anführt, gerade dieses Beispiel im Sinne gehabt hat, lässt sich aus seinen Worten nicht entnehmen.

Immer und immer wieder kommt d'Alembert auf diesen Gegensatz zurück So viel weiter wir im neunzehnten Jahrhundert gekommen sind in der Gravitationstheorie, so müssen wir ihm doch für diese nüchterne Betrachtung und Klarheit, die er über die Tragweite der Newtonschen Gravitationstheorie giebt, unsere höchste Anerkennung zollen. Darin erkennen wir das Grundprincip der d'Alembertschen Philosophie, nichts anzunehmen, als was als unbedingt gewiss erkannt wird. Und diejenigen, die ihn als oberflächlichen Philosophen hinstellen, sollten durch solche Betrachtungen eines besseren belehrt werden. Ein bloss exakter Naturforscher schreibt nicht einen Satz wie diesen: „Die Erscheinungen beweisen uns die Existenz der Materie, ohne uns das geringste über ihre Natur zu lehren. Dieselben Phänomene lassen uns die Kräfte erkennen, welche auf die Materie wirken, ohne uns über die Natur der Kräfte aufzuklären" (I., 325). Wie nahe kommen diese Sätze der Philosophie Kants!

§ 12.

Physik.

Der allgemeinen Betrachtung der Physik, die sich an die Astronomie anschliesst, schickt d'Alembert in zwei Abschnitten Optik und Akustik, Hydrostatik und -dynamik voraus, weil diese Teile der Physik sich zu einer besonders eingehenden mathematischen Behandlung eignen.

Die Optik[1]) führt er zurück auf die Principien der geraden Fortbewegung des Lichts, der Reflexion, und der Brechung. Er ist Anhänger der damals noch in Blüte stehenden Newtonschen Lichtemissionstheorie. Ausserdem macht er auf Mängel in der Theorie des Sehens aufmerksam. Die Akustik bietet nichts erwähnenswerthes.

Länger verweilt d'Alembert bei den anderen Gebieten bei Hydrostatik und -dynamik,[2]) einem von ihm selbst bearbeiteten Teile der Physik. Wir sind damit auf dem Wege schon soweit gelangt, dass wir uns nicht mehr allein au allgemein gültige Principien stützen können. Diese sind ihrer grossen Compliciertheit halber noch nicht gefunden Demnach werden wir immer mehr und mehr auf die Erfahrung hingewiesen. Wenn wir Gestalt und gegenseitige Verteilung der Flüssigkeitselemente genau kennten, so bedürften wir zur Bestimmung der Gesetze ihres Gleichgewichts und ihrer Bewegung nur der allgemeinen mechanischen Principien. Trotzdem aber die Rechnung auf diesem Gebiete noch zu schwierig ist, haben die Physiker doch Fortschritte gemacht durch die Einführung von Hülfsprincipien, die in Ermangelung besseren Wissens als Fundamentaleigenschaften angesehen werden. Diese treten nur für das dritte mechanische Princip, das des Gleichgewichts ein, da die beiden anderen naturgemäss für alle Körper gelten. Ein solches Erfahrungsprincip ist es, dass der Druck in der Flüssigkeit sich nach allen Seiten gleichmässig verteilt, auf ihm basiert alles, was man über das Gleichgewicht der Flüssigkeiten ableiten kann. Die Gesetze der Bewegung in Flüssigkeiten lassen sich vermittelst des d'Alembertschen Principes auf die des Gleichgewichts reducieren.

---

[1]) Éléments XVIII. — I., 329—331.
[2]) Éléments XIX. — I., 331—336.

D'Alembert betont hier ganz besonders die Schwierigkeiten. Er sagt: „Es heisst viel gethan haben, bei einem so schwierigen Gegenstande, wenn man sich versichert hat, wie weit die Theorie gehen darf und man so zu sagen, die Grenzen festgesetzt hat, wo jene anzuhalten hat." (I., 335). Dies ist ein Wort, was auch von der Physik[1]) im allgemeinen gilt. In diesem letzten Abschnitte giebt d'Alembert gar keine wissenschaftlichen Principien mehr. Wir sind ganz auf den Erfolg von Beobachtung und Experiment angewiesen. Nach diesen beiden Hülfsmitteln möchte er die Physik einteilen in „physique vulgaire et palpable" und in „physique occulte", wobei unter letzterer zu verstehen sind „die Kenntnisse von verborgenen Thatsachen, deren man sich versichert, indem man sie sieht, und nicht der Roman von untergeschobenen Thatsachen, die man gut oder schlecht errät, ohne sie aufzusuchen noch sie zu sehen "

Aus Mangel an philosophischem Stoff geht d'Alembert ziemlich ausführlich auf die geschichtliche Entwickelung der Physik ein. Die Physik der Alten ist nicht so schlecht, wie wir sie meist hinstellen: „man findet dort gut beobachtete und gut einander gegenübergestellte (rapprocher) Thatsachen; man sieht dort ein System von Beobachtungen, welches noch heute der Heilkunst als Grundlage dient."[2]) Aber die Physik ist im Altertum doch mehr eine beobachtende als eine experimentierende Wissenschaft gewesen. Aristoteles wird von d'Alembert weniger hoch geschätzt, er meint, wenn ihn eine Fülle von Thatsachen umgab, wie in der Geschichte der Tiere, dann habe er sie sorgfältig gesammelt und geordnet, aber sobald ihm der Stoff anfing zu mangeln, habe er begonnen zu reden.

---

[1]) Éléments XX. — I., pag. 336—346.

[2]) Man kann aus diesen Worten entnehmen, dass d'Alembert unter „physique générale" nicht allein das heute Physik benannte Gebiet versteht, sondern auch die beschreibenden Naturwissenschaften darin mit einbegreift.

Das Verdienst, zuerst mit der wortreichen Philosophie des Aristoteles gebrochen zu haben, gebührt nach d'Alembert dem Roger Bacon. Dessen grosser Namensvetter hat zuerst die Grundprincipien für das Studium der Natur aufgestellt, er hat auf das Experiment aufmerksam gemacht und eine Reihe späterer Entdeckungen angekündigt. Ihm folgte Descartes mit seinen Bewegungsgesetzen. Beide hätten der Philosophie noch nützlicher sein können, wenn sie mehr Physiker der That und es weniger aus Speculation gewesen wären. Letzteres hält d'Alembert für ein Unglück in der Wissenschaft: „So denken oder träumen die einen, die anderen handeln, und die Kindheit der Wissenschaften ist eine ewige." (I., 340)

Seit jener Zeit hat sich allmählich die experimentelle Physik entwikelt, wozu viel die Gründung von Akademien beigetragen hat. Beobachtung, Experiment und Rechnung Hand in Hand müssen sie weiter zu fördern suchen. Hüten soll man sich vor dem Glauben, dorthin durch Meinungen Licht bringen zu können, wo sich Lücken im Wissen finden, dies ist der grosse Fehler der Descartes'schen Schule. Das heisst aber nicht Hypothese und Analogie ganz ausschliessen, sondern sie mit Vorsicht anwenden, dann werden wir allmählich die fehlenden Glieder der Kette der Wissenschaften ergänzen und den Stamm finden, der alle unsere Kenntnisse vereinigt. Zurückhaltung und Umsicht auf der einen, Geduld und Mut auf der anderen Seite sind dem Physiker notwendig. D'Alembert schliesst diesen Abschnitt mit der hoffnungsvollen Frage: „Wie viele Entdeckungen, die wir für unmöglich halten, sind unsererer Nachwelt aufbehalten?" [1]

---

[1] Der Schluss der Elemente der Philosophie pag. 146—148 ist ohne philosophische Bedeutung.

IV.

Die Stellung d'Alemberts in der Geschichte der Philosophie.

Wir wollen uns jetzt an die Beurteilung d'Alemberts begeben und uns fragen, welche Stellung ihm seinen philosophischen Ansichten nach gebührt. Bei der Beurteilung wollen wir nicht auf Einzelheiten eingehen und uns an Fehlern stossen, wie solche im Grunde genommen jeder Philosophie anhaften, denn wir betrachten es nicht als unsere Aufgabe, d'Alembert zu verbessern. Wir haben uns bemüht, seine Ansichten so wiederzugeben, dass man sich ein Bild von der Art seines Denkens machen kann. Unsere Thätigkeit erstreckte sich dabei hauptsächlich auf klare Darstellung der Grundanschauungen und übersichtliche Anordnung des Stoffes.

Die äussere Abfassung der Elemente, die glatte Redegewandtheit des Discours haben viele Beurteiler verführt, d'Alembert mehr für einen geistreichen aber oberflächlichen Plauderer über philosophische Gegenstände zu halten. Aber wenn wir von der leichten Art zu schreiben, die den meisten französischen Schriftstellern jener Zeit eigen war, absehen, wenn wir aus der äusseren Schale den eigentlichen Kern herausziehen, so müssen wir gestehen, dass trotz der Verbreitung auf die unwesentlichsten Nebendinge, trotz des Geplauders, das die Stelle der klaren, gründlichen und übersichtlichen Untersuchung vertritt, die Ansichten d'Alemberts doch nicht ganz ohne Wert für die Geschichte der Philosophie sind. Er ist ja in der Philosophie auf keine Weise bahnbrechend gewesen, wie er es auf mathematischem Gebiete war, aber seine Lehren enthalten Keime, die später zu einer fruchtbaren Saat aufgegangen sind. Unsere Beurteilung hat nicht so sehr zum Zwecke, d'Alemberts Philosophie auf ihre Richtigkeit und Consequenz zu prüfen, als diesen Gedanken weiter zu verfolgen.

Auch der grösste Philosoph fusst nicht nur auf eigenem Denken, sondern ebenso sehr auf seinem Wissen, und dies erwirbt er sich aus dem, was die Menschen vor und in seiner Zeit gedacht und gearbeitet haben. Der Inhalt einer jeden neuen Philosophie ist demnach immer schon vorbereitet, nur das zielbewusste Betonen des fruchtbaren und neuen Princips, die Durchführung desselben sind das wesentliche und eigenartige Verdienst der grossen Denker. So finden wir denn auch die Keime der eigenartigsten Lehre des französischen neunzehnten Jahrhunderts, der positiven Philosophie Auguste Comtes schon im vorhergehenden Jahrhundert. Und wir möchten besonders darauf hinweisen, wie sehr gerade die Lehre d'Alemberts, besonders in ihrem zweiten Teile, sich der positiven Philosophie annähert, so dass wir wohl nicht zu viel behaupten, wenn wir d'Alembert als direkten Vorläufer des Positismus hinstellen.

Vergegenwärtigen wir uns noch einmal kurz das Wesentlichste aus d'Alemberts Ansichten. Seinen Ausgangspunkten nach steht er auf Lockeschem Boden, denn seine Philosophie beginnt mit den Sensationen. Aber er findet schon nicht mehr wie Locke, feste Anhaltspunkte in der äusseren Welt; die primären Qualitäten, die jener für wirklich erkannte Eigenschaften der Körper hielt, verlieren bei d'Alembert diese Erkennbarkeit. Wir können gar nicht aus uns heraus, wir vermuten, dass es ausser uns noch etwas giebt, aber wir wissen nichts bestimmtes darüber. Die ganze Welt ist daher als ein Phänomen unseres Bewusstseins aufzufassen, dessen Ursachen zwar als vorhanden anzunehmen sind, die aber uns stets verborgen sein werden.

In diesem Satze ist das Resultat der d'Alembertschen Metaphysik enthalten. Er ist ebenso weit vom Materialismus entfernt, der von der Welt ausgehend, diese für ein

Ding an sich nimmt, wie von dem Idealismus, der jede den Phänomenen zu Grunde liegende objektive Realität leugnete. D'Alembert ist aber ebenso wenig als Sensualist zu bezeichnen, weder im Lockeschen Sinne, schon da er die Reflexion nicht als Quelle der Erfahrungserkenntnis annimmt sondern dem inneren Sinne eine andere Rolle zuweist, noch auch im Condillacschen Sinne, seine Philosophie geht weit über die erkenntnistheoretischen Fragen hinaus. Er sagt, wenn die Welt nur Phänomen ist, wenn wir nicht in das Wesen der Körper einzudringen vermögen, so müssen wir uns mit dem wenigen begnügen, was uns gegeben ist, dieses aber so weit erforschen, wie möglich, und hier sieht er plötzlich ein weites Gebiet vor sich, auf dem der Philosophie noch viel zu thun übrig bleibt. Es ist das Feld der Einzelwissenschaften, das von dem Unkraute metaphysischer Speculationen zu reinigen ist.

Dass d'Alemberts Philosophie diese Wendung macht, ist einerseits aus seinen mathematischen Studien zu erklären, andererseits aus der Mitarbeiterschaft an der Encyclopaedie. Durch die letztere, welche die Ausführung der Gedanken Bacons sein sollte, wurde d'Alembert auf die Beschäftigung mit diesem Philosophen hingeleitet, aus der die Gedanken der Verkettung der Wissenschaften durch die Philosophie hervorgingen. Dass diese Verkettung in anderer, tiefer angelegter Weise, als Bacon dies angab, ausgeführt wurde, haben wir wieder dem Mathematiker zu danken, der in seiner Wissenschaft das Princip fand, das hervorragend geeignet ist, einerseits die einzelnen Wissenschaften unter einen allgemeinen Gesichtspunkt zu fassen, andererseits die von jenen gebotenen Thatsachen auf ihre Gewissheit zu prüfen.

Neben der negativen, kritischen Behandlung der grossen metaphysischen Probleme, in der d'Alembert zu dem Resultate kommt, dass wir darüber nichts wissen können, und die ihm von vielen Seiten die Bezeichnung eines Skeptikers eingetragen hat, finden wir eine positive Seite in der Weltbetrachtung, die unseres Wissens noch keinem der Bearbeiter d'Alemberts der Beachtung wert erschienen ist. Ein Vergleich dieser mit den Grundprincipien der positiven Philosophie wird unsere oben aufgestellte Behauptung rechtfertigen. Wir finden bei d'Alembert nicht nur Andeutungen, die auf den Positivismus hinweisen, sondern wir sehen die hauptsächlichsten Züge desselben im Keime vorhanden.

Comte hat die Elemente d'Alemberts, so viel aus seinem Cours de philosophie positive hervorgeht, nicht gekannt, er spricht in philosophischer Hinsicht von ihm nur an einer Stelle [1]), wo er die „échelles encyclopédiques" von Bacon und d'Alembert verurteilt, weil sie nach einer beliebigen Einteilung der verschiedenen Fähigkeiten des menschlichen Geistes gemacht sind. Auch der Vorwurf, den Comte im allgemeinen den encyclopaedischen Anordnungen macht: dass die Classificationen sich über Gegenstände erstrecken, die den Verfassern derselben ganz fremd sind, ist nicht zutreffend. D'Alemberts Einteilung erstreckt sich nicht weiter, als seine Kenntnisse gehen. Er ist nach den uns vorliegenden Berichten in Chemie und den beschreibenden Naturwissenschaften nicht bewandert gewesen und daher bei seiner systematischen Verknüpfung vor Eintritt in diese Wissenschaften Halt gemacht.

Geben wir jetzt zunächst ganz kurz die Principien der positiven Philosophie an:

Erstens: Der Positivismus beschränkt sich ausschliesslich auf das Gebiet der Erfahrung, er betrachtet die Phänomene der Welt als ein Gebiet zu erforschender Thatsachen und lehnt jede Untersuchung der Ursachen dieser Phänomene und jede Betrachtung von Zwecken in der Welt ab.

Zweitens: Das Gebiet der Phänomene ist unter die sechs theoretischen Grundwissenschaften, deren Reihenfolge ist: Mathematik, Astronomie, Physik, Chemie, Biologie,

---

[1]) Cours de ph. p. I., 47.

Sociologie, verteilt. Jede vorhergehende Wissenschaft enthält das Fundament der folgenden, diese ist ohne jene nicht zu bearbeiten.

Drittens: Diese Wissenschaften sind aus dem theologischen und metaphysischen Zustande in den positiven überzuführen. Theologisch ist der Zustand der Wissenschaft, wenn in derselben übernatürliche Wesen eine Rolle spielen; metaphysisch ist er, wenn diese Wesen durch den Dingen immanente Kräfte ersetzt werden; positiv endlich ist eine Wissenschaft, wenn dieselbe lediglich auf die Erfahrung Rücksicht nimmt und die unter die Wissenschaft fallenden Thatsachen durch Beobachtung auf mehr oder weniger allgemeine Gesetze zurückgeführt werden.

In diesen drei Punkten haben wir die erkenntnistheoretische Grundlage des Positivismus, seine Anordnung des zu bearbeitenden Stoffes und die Methode dieser Bearbeitung.

Alle drei Punkte lassen sich auch in d'Alemberts Philosophie nachweisen, nur ist die Durchführung bei ihm nicht eine so scharfe und bewusste und ihres Zieles sichere, wie bei Comte. Über den ersten Punkt haben wir bereits gesprochen. Die Reduction des Gebietes der Philosophie auf die Thatsachen der Erscheinungswelt ist auch bei d'Alembert ausgesprochenes Princip.

Aber auch das zweite Princip lässt sich schon aus der Anordnung des Materials in den Elementen erkennen. Es folgen sich im zweiten Teile, in der Wissenschaft von der Natur: Mathematik, Astronomie und Physik. Und diese Anordnung wird folgendermassen begründet: für die Stellung der Mathematik an den Anfang und zwar specieller in der Reihenfolge Algebra, Geometrie, Mechanik führt d'Alembert als Grund an: Die Algebra ist das Hülfsmittel für alle Mathematik, ihr Inhalt ist der abstrakteste, darum einfachste und sicherste von allen Wissenschaften, darum ist sie an den Anfang zu stellen. Der Geometrie, als erstem

Schritt in die Aussenwelt, weist er die nächste Stelle an. Sie behandelt die Ausdehnung und wir finden als ihr Wesen das Messen angegeben. Die Mechanik beruht auf Algebra und Geometrie, ist daher hierher zu stellen. Sie ist die Wissenschaft des physischen Körpers und seiner Bewegung und ist aufgebaut auf drei Principien: Auf das Gesetz der Trägheit, das der Zusammensetzung der Kräfte und das des Gleichgewichts.

Wir sehen hier eine grosse Übereinstimmung mit Comte; die einzige Abweichung von ihm besteht darin, dass d'Alembert ein anderes Grundprincip der Mechanik aufstellt, das des Gleichgewichts, die zwei anderen sind bei beiden dieselben.

Auf die Mathematik folgt die Astronomie. Wir finden auch hier die Comtesche Einteilung in geometrische Astronomie, Kenntniss der Himmelserscheinungen und mechanische Astronomie bei d'Alembert wieder. Die letztere hat bei beiden als Inhalt die Gravitationstheorie.

Wir wollen den Vergleich nicht ins einzelne weiter treiben, es genügt uns, darauf hinzuweisen, dass beide Philosophien aus denselben Grundgedanken entwickelt werden und zu sehr ähnlichen Ergebnissen gelangen. Natürlich finden sich auch Abweichungen, z. B. betont d'Alembert die psychologische Methode der Selbstbeobachtung, während Comte dieselbe entschieden ablehnt, aber im Princip ist die völlige Übereinstimmung nachweisbar. D'Alemberts Philosophie folgt der Comteschen nur bis zur Physik, es hat dies seinen Grund ausser dem schon oben erwähnten auch noch darin, dass die folgenden Wissenschaften zu seiner Zeit noch so weit von dem positiven Zustande entfernt waren, dass sie d'Alembert für eine Einreihung in seine Einteilung untauglich erschienen. In ähnlicher Weise hat Comte selbst erst die Sociologie in den positiven Zustand übergeführt, um die Reihe der positiven Wissenschaften vollenden zu können. In dem halben Jahrhundert, das zwischen dem Erscheinen von d'Alemberts Elementen und der Comteschen Philosophie liegt, ist gerade auf dem Gebiete der Chemie durch die Arbeiten Lavoisiers und anderer, auf dem der organischen Naturwissenschaften durch die Leistungen Buffons, Cuviers, Lamarks und anderer ein solcher Fortschritt geschaffen, dass diese Wissenschaften auch für eine positive Betrachtung reif wurden.

Es bleibt uns noch übrig, einen Blick auf die Methode bei d'Alembert und bei Comte zu werfen. Comte will in seinem Werke garnicht eigentlich die positive Philosophie dem gesammten Inhalte nach darstellen, er will nur die Art angeben, wie die einzelnen Disciplinen in den positiven Zustand geführt, beziehungsweise zu führen sind. Er zeigt daher, dass man und wie man die durch Beobachtung gefundenen Thatsachen auf die Gesetze zurückzuführen hat. Der Ton liegt dabei auf dem Begriff des Gesetzes im Gegensatz zur metaphysischen Philosophie, die die Thatsachen der Erfahrung auf ihre Ursachen zurückzuführen bestrebt ist. In ganz ähnlicher Weise spricht d'Alembert sich aus. Seine Elemente sollen auch keine inhaltliche Darstellung des gesammten Gebietes der Philosophie sein, sondern nur eine Anweisung, wie man die Philosophie zu behandeln habe. Statt des Ausdrucks Gesetz bedient er sich der Bezeichnung Princip. Leider hat er keine scharfe Definition gegeben, was er unter diesem Begriff verstand. Aus der Anwendung aber, die er davon macht, geht hervor, dass er damit dasselbe meint, wie Comte mit dem Gesetze: z. B. verweisen wir auf die Gravitation, die in beiden Philosophien die gleiche Rolle spielt. Natürlich finden wir das Comtesche Gesetz der drei Zustände der Wissenschaft bei d'Alembert nicht ausgesprochen, aber durch seine ganze Philosophie zieht sich das bewusste Streben, die metaphysischen und vor allem die theologischen Einflüsse zu beseitigen, sich von den ersten Ursachen und Zwecken zu befreien.

Dieser Vergleich giebt uns die Berechtigung, d'Alembert als einen Vorläufer des Positivismus hinzustellen. Comte selbst nennt als Begründer der positiven Methode Bacon, Descartes und Galilei; Bacon wegen des Zurückführens der Philosophie auf den Weg der Erfahrung, Descartes und Galilei wegen der Begründung der höheren Mathematik, beziehungsweise Mechanik. Wenn wir damit eine Stelle aus einem Briefe d'Alemberts an Friedrich d. G. zusammenstellen, so sehen wir dieselben Gedanken, dieselbe Wertschätzung gewisser Philosophen aus den nämlichen Gründen wie Comte: „Il me semble néanmoins que V. M. pourrait modifier à quelques égards la supériorité qu'elle donne à Bayle et à Gassendi sur Descartes et sur Leibnitz. Je pense bien comme elle qu'on ne rend pas assez de justice à Gassendi qui était un esprit très-éclairé, très-cultivé et très-sage; cependant je ne crois pas que ni lui ni Bayle doivent être préférés sans restriction à Descartes et à Leibnitz, parce que ni Gassendi ni Bayle n'ont fait dans les sciences de ces découvertes proprement dites qui caractérisent l'homme de génie, au lieu que Descartes a inventé l'application de l'algèbre à la géometrie et Leibnitz le calcul différential. V. M. a sans doute voulu dire que ces deux hommes ont moins bien raisonné que Bayle et Gassendi, en les envisageant seulement comme métaphysiciens; et en cela je suis absolument de son avis.[1])

Es kommt uns besonders darauf an, zu betonen, dass d'Alembert mit derselben Gesinnung wie Comte an die Philosophie herantrat und dies glauben wir gezeigt zu haben.

Das von uns hier aufgestellte Ergebnis ist ganz abweichend von dem, zu welchem die anderen, von uns er-

---

[1]) V., 255. — Brief vom 3. November 1764.

wähnten Bearbeiter der Philosophie d'Alemberts gelangt sind. Damiron, dessen Urteil über den zweiten, positiven Teil derselben wir schon vernommen haben, fasst seine Meinung in folgende Worte:[1] „..... dans ses Éléments de philosophie par fois presque spiritualiste et à pis faire sceptique, dans le commerce familier son doute se change en négation et son spiritualisme incertain, ou son sensualisme contenu, en matérialisme déclaré, en fatalisme et en naturalisme." Wir glauben durch unsere Darstellung der Philosophie d'Alemberts bewiesen zu haben, dass dieses Urteil nicht zutreffend ist.

Am meisten finden wir d'Alembert als Skeptiker bezeichnet. Es ist diese Benennung nicht ganz ungerechtfertigt, wenn man auf die Art blickt, wie er die philosophischen Probleme zu behandeln liebt. Wir finden in der Metaphysik kein selbstbewusstes Vorwärtsschreiten, sondern vielmehr das Eingeständnis unserer gänzlichen Unsicherheit; aber da der Schwerpunkt der d'Alembertschen Philosophie garnicht auf den metaphysischen Problemen liegt, sondern auf dem positiven Theile, so müssen wir diese Bezeichnung ablehnen. In jenem Sinne wäre doch auch Comte, der gleichfalls alle metaphysischen Untersuchungen verwirft, nicht als ob die bisher erreichten Resultate falsch seien, sondern, weil dies Gebiet uns gänzlich verschlossen ist und wir uns für und gegen garnicht zu entscheiden vermögen, als Skeptiker zu bezeichnen.

Der einzige französische Schriftsteller, der d'Alembert zum Positivismus in eine gewisse Beziehung setzt, ist Avezac-Lavigne, selbst Anhänger der positiven Philosophie, in seinem Buche über Diderot.[2] Er hält den Versuch d'Alemberts für verfrüht. Wenn wir auch nicht

---

[1] Damiron. A. a. O. — II. pag. 113.
[2] C. Avezac-Lavigne. Diderot et la société du Baron d'Holbach. Paris 1875.

läugnen können, dass es zu d'Alemberts Zeit noch nicht möglich war, das positive Princip ganz durchzuführen, so erblicken wir doch ein Verdienst darin, diese Durchführung versucht und soweit gebracht zu haben, wie möglich war; vor allem aber scheint uns der Wert der philosophischen Arbeiten d'Alemberts darin zu liegen, dass er die von Comte einfach beweislos behauptete Notwendigkeit, die Metaphysik abzulehnen, durch eingehende Untersuchungen zu beweisen versucht hat und somit als direktester Vorläufer und Vorarbeiter Comtes anzusehen ist.